W9-AOC-670

LAROUSSE
Enciclopedia de los niños

ANDERSON ELEMENTARY LIBRARY SCHOOL

Editora del proyecto Sue Grabham
Editora principal adjunta Charlotte Evans
Asistente de edición Tara Benson
Colaboradores de edición Angela Holroyd,
Jill Thomas, John Paton

Diseñadora Janice English
Equipo de diseño Sandra Begnor, Siân Williams
Colaboradora de diseño Ch'en Ling
Diseño adicional Smiljka Surla, Rachael Stone

Director de la publicación Jim Miles

Director de arte Paul Wilkinson

Preparación artística adicional
Matthew Gore, Andy Archer, Shaun Deal,
Julian Ewart, Narinder Sahotay, Andy Stanford,
Janet Woronkowicz

Investigación de imágenes Elaine Willis
Archivo de arte Wendy Allison
Investigación de arte Robert Perry

Diseño de actividades Caroline Jayne Church

Índices Hilary Bird

Directora de producción Linda Edmonds
Asistente de producción Stephen Lang

Textos
Michael Benton, Michael Chinery, Fabienne
Fustec, Keith Lye, Christopher Maynard, Nina
Morgan, Steve Parker, Barbara Reseigh,
Dominique Rift, Jean-Pierre Verdet, Florence and
Pierre-Olivier Wessels, Brian Williams

Asesores especialistas
Martyn Bramwell (escritor de temas de ciencias
naturales); David Burnie (escritor de temas de
ciencias naturales); David Glover (escritor de
temas de ciencia); Ian Graham (escritor de temas
de tecnología); B.W. Hodder (Escuela de
Estudios Orientales y Africanos, Universidad de
Londres); Keith Lye (escritor de temas de
geografía); James Muirden (Consejero de
Publicaciones de la Escuela de Pedagogía de la
Universidad de Exeter y escritor de temas de
astronomía); Elizabeth McCall Smith (médico
familiar, Edimburgo); Julia Stanton (asesoría
sobre Australasia); David Unwin (Investigador de
la Royal Society, Universidad de Bristol)

Asesores didácticos
Ellie Bowden (Consejera de los programas de
ciencia para primaria y profesora emérita,
Essex); June Curtis (maestra de escuela
primaria); Kirsty Jack (directora de escuela
primaria, Edimburgo)

Editor de la versión en lengua española
Aarón Alboukrek

Traducción Rosana Villegas, Lorena Murillo
Asesoría didáctica Veronique Picaud
Revisión general Luis Ignacio de la Peña,
Silvia Espejel

© 1994, por Larousse plc
Elsley House, 24-30 Great Titchfield Street
London W1P 7AD

"D. R." © 1996, por Ediciones Larousse, S. A. de C. V.
Dinamarca núm. 81
México 06600, D. F.

Esta obra no puede ser reproducida, total o parcialmente, sin autorización escrita del editor.

PRIMERA EDICIÓN — Primera reimpresión

ISBN 1-85697-257-7 (Larousse plc)
ISBN 970-607-552-6 (Ediciones Larousse. Colección)
ISBN 970-607-555-0 (Tomo 3)

Larousse y el Logotipo Larousse son marcas registradas de Larousse, S. A.

Formación y composición: Guillermo Martínez César

Impreso en México — Printed in Mexico

LAROUSSE
Enciclopedia de los niños

LAS PLANTAS
•
LOS DINOSAURIOS

LAROUSSE

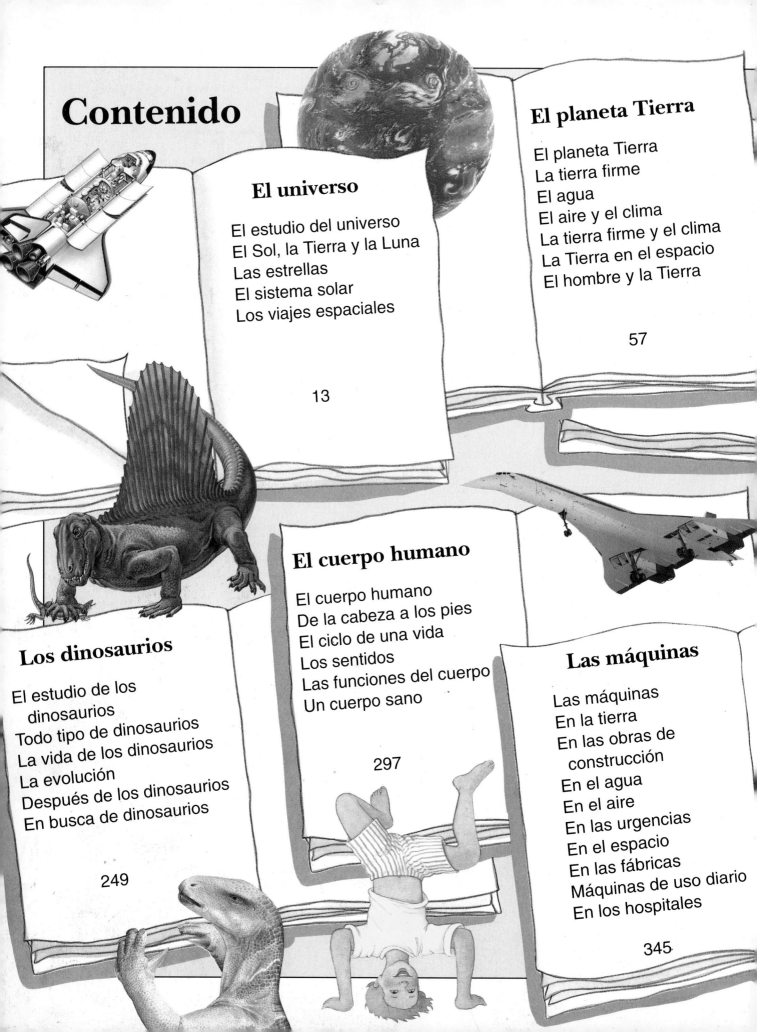

Contenido

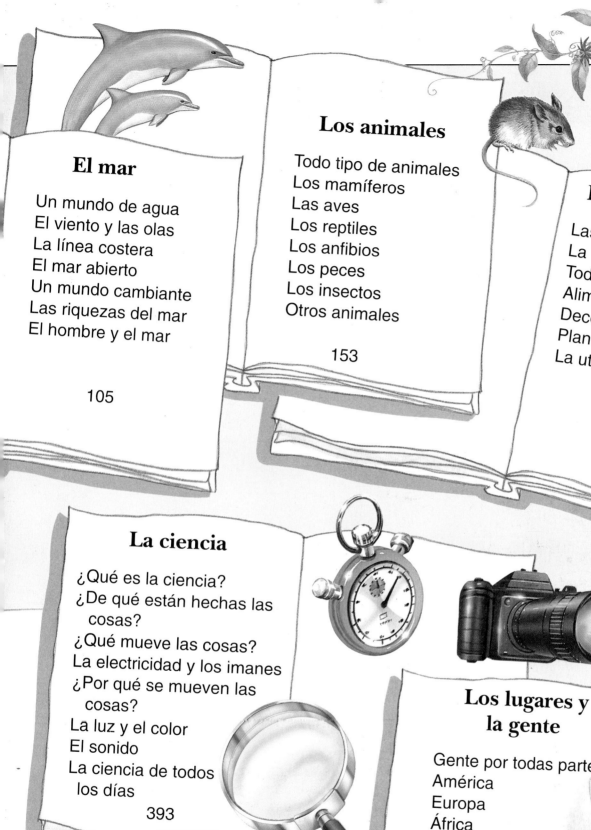

Las actividades

Antes de comenzar cada actividad, reúne todo lo que necesitas y asegúrate de tener un lugar despejado. Lávate las manos antes de cocinar y usa guantes cuando toques tierra. Para pegar, cocinar y pintar usa un delantal. Si se necesita la ayuda de un adulto, pídesela antes de comenzar.

Cuando termines, asegúrate de limpiar el lugar y de guardar todo lo que hayas utilizado.

▷ Éstos son algunos de los materiales que necesitarás en las actividades. Pregunta **siempre** a un adulto antes de usar algo que no sea tuyo.

Receta

500 g de harina
150 g de sal
1 taza de agua
colorante
comestible

Prepara masa para modelar
La masa se usa en algunas de las actividades. Mezcla harina y sal en un recipiente. Agrega poco a poco el agua necesaria, sin dejar de revolver. Si se necesita que la masa sea de algún color, agrega al agua colorante comestible.

Saca la masa y ponla sobre una capa de harina. Amásala hasta que esté suave. Haz algunas figuras.

Cuando termines, pide a un adulto que las meta al horno, a fuego lento, durante cinco horas. Cuando se enfríen píntalas de colores.

Las plantas

¿Qué son las plantas?

Las plantas son seres vivos. No pueden desplazarse pues viven adheridas al suelo por medio de raíces. Del suelo obtienen alimento y de la luz del sol energía. Existen plantas de los más diversos tamaños, formas y colores. Viven en todo tipo de lugares, incluso en sitios donde la gente no podría sobrevivir.

△ Algunas plantas crecen en lo alto de las montañas.

Nunca comas plantas extrañas y lávate siempre las manos después de tocar una planta.

△Las plantas pueden crecer en las grandes ciudades.

Cofre de palabras
Se llama **medio ambiente** al entorno en que se desarrolla un ser vivo.
La **adaptación** es la capacidad de las plantas y los animales de transformarse lentamente para sobrevivir a los cambios en el medio ambiente.

△ El campo está cubierto de plantas.

△ Muchas plantas viven en las zonas costeras.

▷ La gente puede vivir en diversos lugares. Se viste y se alimenta según las condiciones de su medio ambiente. Del mismo modo, las plantas pueden adaptarse a diversas condiciones.

cordillera de los Andes

desierto del Sahara

selva tropical húmeda del Amazonas

△ Algunas plantas sobreviven bajo condiciones que la gente no soportaría. El botón de oro de los Alpes, por ejemplo, soporta el clima helado de lo alto de las montañas.

△ La yuca vive en el cálido desierto de Arizona, donde llueve poco.

△ Algunas plantas crecen en los tallos y las ramas de otras plantas.

◁ Existen muchos tipos de algas que crecen bajo el agua.

La adaptación de las plantas

Muchos tipos de plantas viven en ambientes hostiles. Durante millones de años han ido cambiando poco a poco sus características, para sobrevivir en tales ambientes. A esa capacidad de cambiar se le llama adaptación. Existen plantas que se han adaptado a las más diversas condiciones. Algunas viven en lugares muy secos, muy húmedos, muy cálidos o muy fríos.

Busca las respuestas

¿Dónde almacena agua el saguaro?

¿Cómo se protege la sensitiva contra los animales?

▽ El saguaro almacena agua en sus gruesos tallos. Esto le permite vivir en los desiertos secos de América.

△ Las hojas sumergidas de la hierba lagunera son delgadas para que el agua no las lastime.

△ Algunas hierbas crecen en grupos para ayudarse a conservar la humedad.

▽ La sensitiva, o mimosa púdica, cierra sus hojas si un animal la toca, o bien para protegerse de las noches frías y los días calurosos.

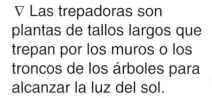

escama

▽ Las trepadoras son plantas de tallos largos que trepan por los muros o los troncos de los árboles para alcanzar la luz del sol.

hojas
cerradas

△ Las yemas pegajosas del castaño de Indias están cubiertas de escamas que las protegen de los vientos helados del invierno.

▷ La cimbalaria de los muros crece entre las piedras de los muros. No necesita del suelo para alimentarse.

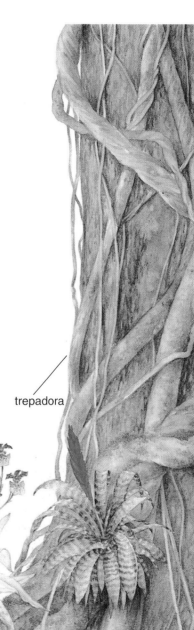

trepadora

▷ Algunas plantas crecen sobre otras.

◁ El abultado tronco del baobab africano es una adaptación para almacenar agua.

Las plantas ingeniosas

Existen plantas que se las ingenian para defenderse o reproducirse. Algunas tienen púas, espinas o sustancias venenosas para evitar que los animales las lastimen. Muchas otras atraen a los insectos mediante su olor o su forma, pues los necesitan para producir plantas nuevas.

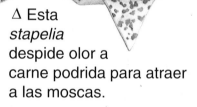

△ La flor de abeja es una orquídea que atrae a las abejas, debido a que tiene forma de abeja.

△ Esta *stapelia* despide olor a carne podrida para atraer a las moscas.

Nunca comas ni toques un hongo. Existen muchos hongos venenosos.

△ El acebo tiene espinas. △ Los cactos también tienen espinas.

La bella durmiente
(Cuento de Charles Perrault)
Una bruja malvada encantó a una princesa para que durmiera durante muchos años. Luego hizo que un rosal gigantesco rodeara el castillo y las espinas impidieran el paso a la gente.

△ Los aguijones de la ortiga causan irritación.

△ Las rosas tienen espinas puntiagudas.

△ El hongo agárico matamoscas, o falsa oronja, es venenoso.

Las plantas acuáticas

Las plantas acuáticas crecen en los ríos, los estanques y los lagos. Por lo general tienen raíces que se entierran en el lodo del fondo y tallos que crecen hasta la superficie del agua, donde las hojas y las flores se abren. Hay una gran variedad de plantas acuáticas. Algunas tienen hojas planas que flotan en la superficie, mientras que otras tienen hojas largas y angostas.

Busca las respuestas

¿Qué tan grandes pueden crecer las hojas del nenúfar amazónico?

¿Dónde crecen las plantas acuáticas?

¿Dónde crecen los cañaverales?

▽ Las plantas acuáticas frecuentemente tienen hojas delgadas que permiten el paso del agua.

▽ Los nenúfares tienen enormes hojas flotantes. Las hojas del nenúfar amazónico, o irupé, pueden medir hasta 2 metros de diámetro. Los altos cañaverales crecen cerca de la orilla.

Haz una flor acuática
Toma un cuadrado de papel y dobla los vértices hacia el centro. Hazlo de nuevo. Dale vuelta y vuelve a doblar los vértices hacia el centro.

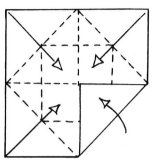

Dale vuelta otra vez y levanta los vértices para formar los pétalos; luego dobla hacia arriba las cuatro alas de abajo para formar las hojas. Puedes pintarla de colores.

cañaverales

hoja de nenúfar

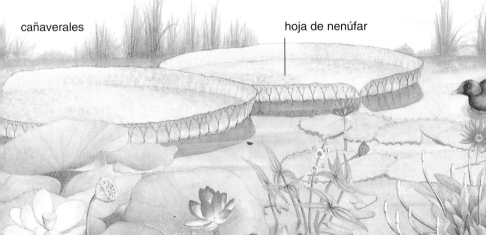

¿Cómo se alimentan las plantas?

Las plantas necesitan alimentarse al igual que los demás seres vivos. Para ello toman agua con minerales del suelo a través de sus raíces. El agua sube por el tallo hasta las hojas, que contienen una sustancia verde colorante llamada clorofila. Con la ayuda de la luz solar, la clorofila transforma el agua en alimento. Este proceso se conoce como fotosíntesis.

▽ Las plantas necesitan agua para vivir. La toman del suelo con sus raíces. El agua sube por el tallo hasta las nervaduras de las hojas.

nervadura

tallo

raíz

campana de cristal

△ Al igual que la gente, las plantas sudan. Parte del agua que absorben las raíces se escapa por las hojas. Esto lo podrás observar si colocas una planta dentro de una campana de cristal.

Haz un laberinto para una patata
Haz un agujero en una caja de cartón. Pega en su interior pequeñas tiras de cartón para hacer un laberinto como el que se muestra. Coloca en el extremo opuesto al agujero una patata con retoños. Tapa la caja y colócala en un lugar que reciba luz solar. Verás cómo el retoño crece hasta encontrar la luz.

flor blanca   **colorante rojo**   **flor rosa**

◁ Si realizas este experimento podrás demostrar que el agua corre por el interior de una planta. Mete en agua una flor blanca. Añade al agua un poco de colorante vegetal rojo. La flor absorberá el agua y unas horas después se pintará de color rosa. Esto significa que el agua corrió a través del tallo hasta las hojas y los pétalos.

△ Una planta de maceta necesita luz, aire, tierra y agua para sobrevivir.

△ Las flores cortadas pueden sobrevivir en agua, pero sólo durante unos días.

Busca las respuestas
¿Qué necesitan las plantas de maceta para vivir?
¿Cómo absorben el agua las plantas?

△ Las plantas se marchitan y mueren si se dejan en la oscuridad.

△ Si se sacan de la tierra, las plantas se secan y mueren.

Cofre de palabras
La **clorofila** es una sustancia verde colorante que contienen las hojas de las plantas. Con ayuda de la luz solar, proporciona alimento a las plantas.
Las **nervaduras** son pequeños conductos en las hojas de las plantas.

209

¿Cómo nacen las plantas?

Las flores producen las semillas que se convertirán en una nueva planta. Todas las flores tienen órganos masculinos, llamados estambres, y órganos femeninos, llamados pistilos. Los estambres producen el polen, polvillo que debe llegar a los pistilos para que la planta produzca las semillas. Este proceso se llama polinización y se lleva a cabo de diferentes maneras.

▽ Si observas con atención el centro de un girasol, verás que está formado por muchas flores pequeñitas, cada una con un pistilo.

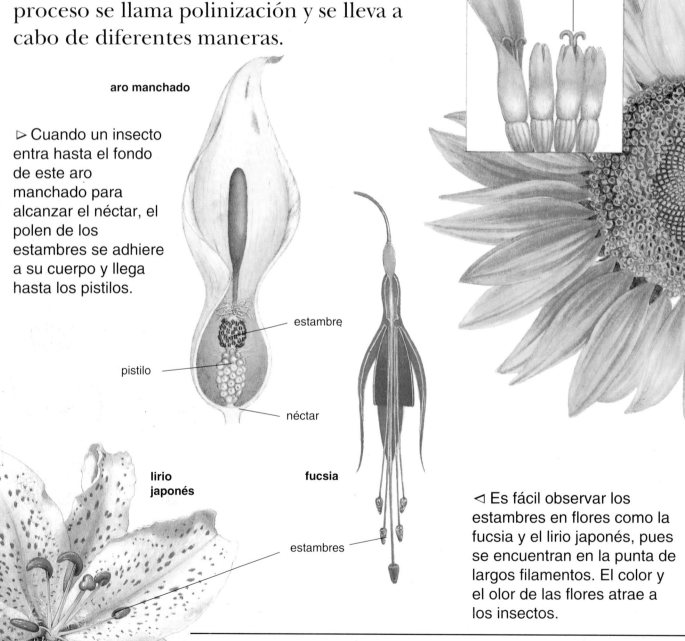

pistilo

aro manchado

▷ Cuando un insecto entra hasta el fondo de este aro manchado para alcanzar el néctar, el polen de los estambres se adhiere a su cuerpo y llega hasta los pistilos.

estambre

pistilo

néctar

lirio japonés

fucsia

estambres

◁ Es fácil observar los estambres en flores como la fucsia y el lirio japonés, pues se encuentran en la punta de largos filamentos. El color y el olor de las flores atrae a los insectos.

piña

◁ Los pinos
producen el polen
en pequeñas
piñas masculinas.
El viento lo lleva
hasta las piñas
femeninas de otro
árbol.

hoja

pétalo
interno

estambre

estambre

pistilo

pétalos externos

pistilo

△ A veces el polen es
transportado de los
estambres a los pistilos de
una misma flor. A eso se le
llama autopolinización.

Haz una flor
Copia los moldes en una
cartulina delgada. Corta
los pétalos externos,
cinco pétalos internos,
cinco estambres, un
pistilo y dos hojas. Pasa
una pajilla por el centro
de los pétalos externos y
fíjala a ellos. Introduce en
la pajilla los extremos de
los pétalos internos, el
pistilo y los estambres.
Pega después las hojas.

▽ Una abeja transporta el
polen de este rosal silvestre.
El polen se adhiere
al cuerpo peludo
de la abeja y al
desprenderse
cae en otra
flor.

211

De la flor al fruto

Dentro de los pistilos se encuentran pequeños huevos llamados óvulos. Cuando el polen llega al óvulo, empieza a crecer una semilla. Alrededor de ella se desarrolla el fruto que la protegerá mientras crece. Algunos frutos tienen una sola semilla dentro de una cáscara dura; otros tienen una pulpa jugosa que guarda varias semillas, llamadas pepitas.

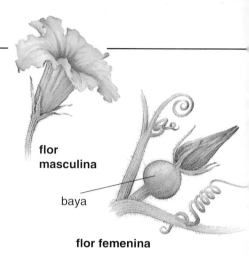

flor
masculina

baya

flor femenina

△ La planta de la calabaza tiene flores masculinas y femeninas. Después de la polinización, la flor femenina deja caer un fruto que se conoce como baya.

▽ Cada baya se convierte en una hermosa calabaza de color naranja. Las calabazas tienen una gruesa capa de pulpa jugosa que protege a las semillas o pepitas.

▷ El escaramujo es el fruto del rosal silvestre. Tiene una gran cantidad de pequeñas semillas. Cuando el fruto comienza a crecer, los pétalos del rosal silvestre se caen y los escaramujos se vuelven rojos.

escaramujo

calabaza

pera

△ Después de la polinización, pequeños frutos crecen en el interior de las flores del peral. Los pétalos se caen y los frutos comienzan a crecer.

△ Cuando los frutos han crecido, algunos se caen. Otros se convierten en peras maduras que protegen las semillas o pepitas.

El pollito al que le cayó el cielo encima

(Cuento popular inglés)
Una nuez cayó en la cabeza de un pollito, que creyó que se estaba cayendo el cielo. Corrió a avisar a las otras aves y juntas fueron a prevenir al rey. Pero en el camino se encontraron con el astuto zorro, quien las engañó diciéndoles que su madriguera era el camino más corto para llegar al palacio. Las aves entraron a su madriguera y él se las comió.

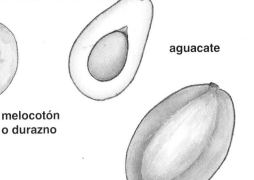

ciruelos silvestres

melocotón o durazno

aguacate

mango

▷ Todos estos frutos tienen hueso, es decir, una sola semilla grande.

arándanos

granadilla

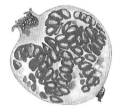

granada

kiwi

△ Éstos son frutos con pepitas; tienen una gran cantidad de pequeñas semillas.

Haz un dibujo con semillas

Busca en tu casa lentejas, pepitas de girasol, judías o alguna otra semilla.

No uses frijol colorado pues crudo es venenoso.

Dibuja una figura sencilla en un trozo de papel y pega con goma las distintas semillas. Puedes hacer una cara, un ave o algún otro animal.

▷ A las semillas protegidas por una cáscara dura se les llama nueces.

◁ La amapola tiene muchísimas semillas muy pequeñas que guarda dentro de una especie de estuche con tapa.

Listas para viajar

Las semillas deben llegar al suelo para convertirse en una planta nueva. El viaje lo emprenden de distintas maneras. Algunas caen directamente desde la planta, mientras que a otras las transporta el viento, el agua, las aves o algún otro animal. Cuando la semilla queda enterrada en el suelo y ha recibido agua, empieza a abultarse. De ella surge la planta nueva. Primero crece la raíz y luego el retoño; a esto se le llama germinación.

▷ Cuando un ave come frutos, las semillas que escupe caen al suelo. Las que se traga caerán después con el excremento.

△ El viento dispersa las semillas del diente de león.

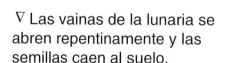

▽ Las vainas de la lunaria se abren repentinamente y las semillas caen al suelo.

◁ Ciertos frutos tienen pequeñas espinas. Con ellas se adhieren al pelo de algunos animales y viajan grandes distancias.

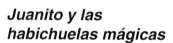

Juanito y las habichuelas mágicas
(Cuento popular inglés)
Juanito plantó unas habichuelas mágicas de las que creció una planta gigantesca. Luego trepó por ella hasta llegar al castillo de un gigante malvado; ahí tomó un poco de oro y una gallina que ponía huevos de oro. El gigante lo descubrió y bajó tras él por la planta, pero Juanito cortó el tallo con un hacha y el gigante se cayó y murió.

ANDERSON ELEMENTARY SCHOOL LIBRARY

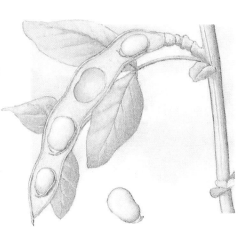

△ Las habas son muy alimenticias. Se forman dentro de una vaina y se pueden usar para sembrar una nueva planta.

△ Las habas se ponen en el suelo, se cubren de tierra y luego se riegan.

△ Pronto aparecen las pequeñas plantas. Si reciben luz solar y suficiente agua, crecerán con rapidez.

Siembra judías

Remoja en agua unas cuantas judías durante toda una noche. Coloca un poco de algodón húmedo en el fondo de un frasco de vidrio; acomoda sobre él las judías y tápalas con un poco más de algodón húmedo. Lleva el frasco a un lugar cálido y oscuro. Cuando veas que aparecen las raíces y el retoño, lleva el frasco cerca de una ventana por la que entre la luz solar.

▽ Cuando las habas germinan, crece una pequeña raíz hacia abajo. Luego brota un retoño con hojas en busca de la luz. Más adelante crecen más hojas y las flores.

hoja

retoño

raíz

Las estaciones

Las estaciones son cuatro: primavera, verano, otoño e invierno. Con las estaciones cambia el clima, y eso afecta el crecimiento de las plantas. Según la estación, las hojas, las flores y los frutos aparecen o desaparecen. En algunas partes del mundo sólo hay una o dos estaciones al año.

△ Muchas plantas pierden las hojas durante el invierno.

△ En la primavera sube la temperatura y las hojas nuevas comienzan a crecer.

△ Durante el verano, el clima es caluroso y los árboles se cubren de hojas.

△ La semilla del tomate debe sembrarse al terminar el invierno.

△ Durante la primavera crece la nueva planta.

△ En el verano la planta florece y aparecen los pequeños frutos.

El jardín secreto

(Cuento de Frances Hodgson Burnett)
Dos niños encontraron un jardín secreto. Durante el invierno trabajaron mucho para limpiarlo y sembrar nuevas plantas en él. En la primavera se cubrió de hermosas flores.

corta temporada de lluvias

△ En las selvas tropicales húmedas cercanas al ecuador sólo hay una estación. Dado que el clima es cálido y húmedo durante todo el año, las plantas siempre están verdes.

△ En el desierto sólo hay una temporada larga de sequía y una muy corta de lluvias. Cuando llueve, algunas plantas se apresuran a germinar, florecer y producir semillas.

△ Durante el otoño, el clima enfría y las hojas comienzan a caer.

△ En el otoño se recogen los frutos pues ya están maduros.

Haz un cacto

Toma un rectángulo de cartulina o papel corrugado y enróllalo para formar un tubo. Pégalo con goma y píntalo de verde. Llena una maceta con arena y fija el tubo en ella. Recorta algunas flores de papel de colores y pégalas al cacto. Pon pequeñas piedras en la arena.

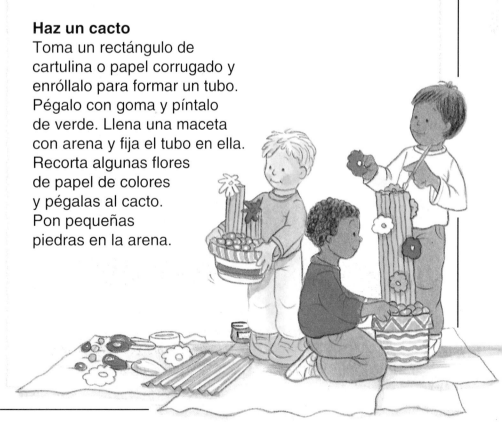

217

Las plantas sin semillas

No todas las plantas crecen de una semilla. Algunas, como las patatas, la mandioca o los lirios, se reproducen a partir de un tallo subterráneo. Otras crecen de bulbos que almacenan alimento en el invierno y dan origen a una planta nueva al año siguiente.

Siembra una patata
Coloca una patata con retoños en un cubo con tierra húmeda. Lleva el cubo a un lugar húmedo y oscuro. Cuando el retoño se asome, lleva el cubo a la luz. Riégalo y pronto verás la planta crecer.

▽ La mandioca crece de tallos subterráneos que se conocen como tubérculos.

▽ La planta del tulipán se reproduce a partir de un bulbo que se encuentra en la parte inferior del tallo.

▽ El lirio produce una planta nueva a partir de un tallo subterráneo llamado rizoma.

▽ La planta de la fresa tiene largos tallos, llamados tallos rastreros, que echan raíces para producir plantas nuevas.

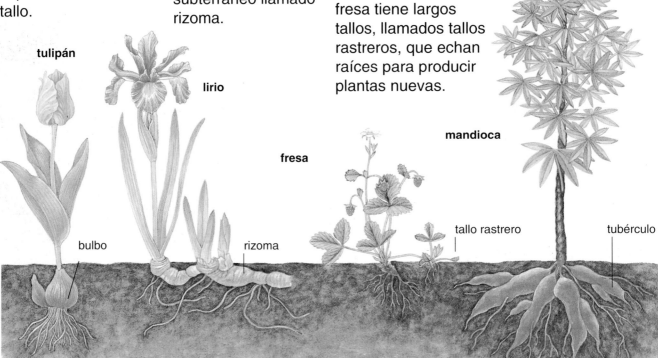

tulipán

lirio

fresa

mandioca

bulbo

rizoma

tallo rastrero

tubérculo

La edad de las plantas

No todas las plantas llegan a cumplir la misma edad. Algunas viven durante sólo unos meses o unas cuantas semanas; mueren después de producir las semillas para una nueva generación. A esas plantas se les llama anuales. Otras viven durante muchos años y se conocen como perennes.

▽ Las flores como éstas son plantas anuales. No vivirán más de un año.

△ Estas flores son plantas perennes; florecerán una y otra vez.

△ Las semillas del guisante de la gloria pueden permanecer bajo la arena del desierto australiano hasta diez años. Cuando llueve, se apresuran a crecer y florecer.

drago

pino aristata

tejo

▷ El drago, el pino aristata y el tejo son plantas perennes. Pueden vivir miles de años.

219

El estudio de las plantas

Existen plantas de todas las formas y tamaños. Las hay muy pequeñitas, como la lenteja de agua, o muy grandes, como algunos árboles gigantescos. Algunas plantas tienen hojas y otras carecen de ellas. Los científicos que estudian las plantas son los botánicos. Clasifican las plantas en grupos y creen que existen aproximadamente 350,000 especies, es decir, tipos de plantas.

▽ Los árboles, las lentejas de agua, los helechos y los narcisos son plantas, pero todas muy diferentes entre sí.

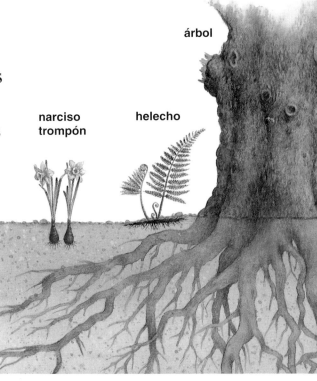

árbol

narciso trompón

helecho

lenteja de agua

Existen muchas plantas venenosas. Pregunta siempre a un adulto antes de tocar una planta extraña y lávate las manos después de tocarla.

Cofre de palabras
La **botánica** es la ciencia que estudia las plantas. Una **especie** está formada por animales o plantas del mismo tipo, que pueden producir a otros iguales a ellos.

Plantas con flores

Existen plantas con flores y plantas sin flores. Algunos árboles, los arbustos y las trepadoras son plantas con flores.

◁ Muchas plantas con flores tienen el tallo blando.

▽ Los árboles son plantas con flores que tienen un tronco grueso y leñoso.

tronco

▷ Las trepadoras tienen tallos largos y torcidos.

△ Los arbustos son más pequeños que la mayor parte de los árboles.

Plantas sin flores

Entre las plantas sin flores están las algas, los musgos y los helechos. Todas ellas tienen esporas en lugar de semillas. Las coníferas tienen piñas en lugar de flores.

△ Las algas viven en las aguas dulces o saladas.

△ Los hongos no tienen clorofila, por lo que no se consideran plantas.

△ Los líquenes están formados por un alga y un hongo.

◁ Algunos botánicos estudian las plantas de las selvas tropicales. Con frecuencia encuentran especies nuevas.

△ Las coníferas son árboles que tienen piñas.

espora

musgo

helecho

△ Los musgos y los helechos se reproducen mediante esporas.

Las flores

Existen muy diversos tipos de flores. Algunas tienen los pétalos del mismo tamaño y la misma forma, mientras que otras los tienen distintos. Hay flores que forman un racimo en el extremo del tallo y otras que crecen a lo largo de él.

Pulgarcita

(Cuento de Hans Andersen)
Pulgarcita era del tamaño de un pulgar. Debido a su talla, podía dormir dentro de una flor y viajar sobre una golondrina.

▷ Las campanillas y las flores de la hierba de San Juan tienen pétalos iguales. Se les llama flores regulares.

campanilla

tallo

hierba de San Juan

◁ La linaria, o pajarita, tiene pétalos de diferentes formas y tamaños. Por ello se le considera una flor irregular.

▽ En el centro de la dalia se puede ver una gran cantidad de pequeñas florecitas muy juntas entre sí.

◁ Las flores del esmirnio, o apio caballar, crecen del mismo punto en el extremo del tallo.

▷ El lirio de los valles, o muguete, tiene pequeñas florecillas colgantes a lo largo del tallo.

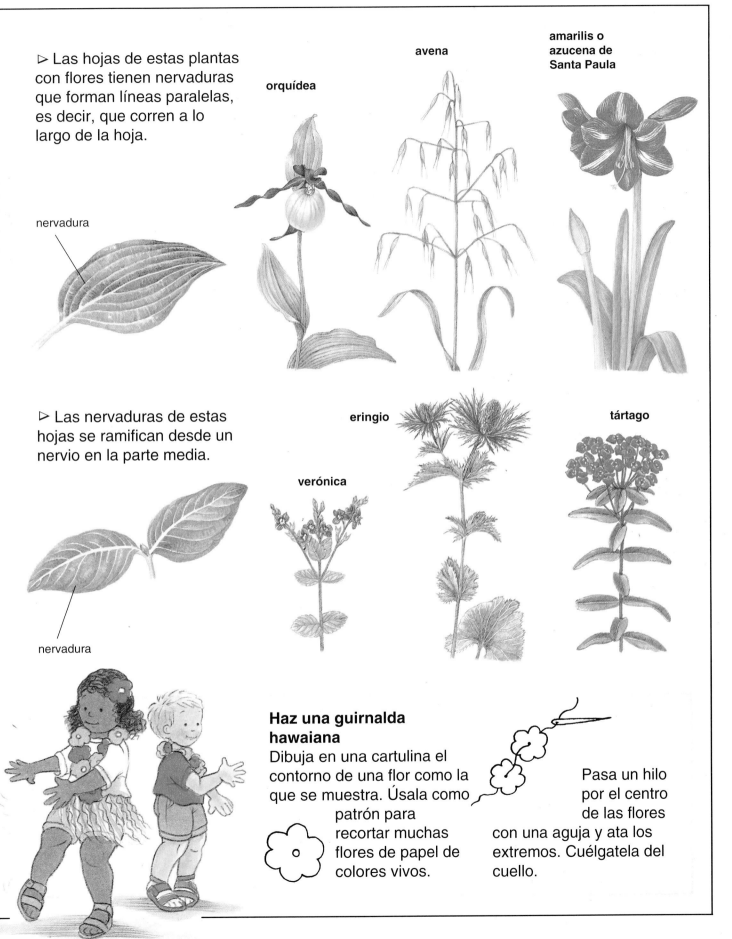

▷ Las hojas de estas plantas con flores tienen nervaduras que forman líneas paralelas, es decir, que corren a lo largo de la hoja.

avena

amarilis o azucena de Santa Paula

orquídea

nervadura

▷ Las nervaduras de estas hojas se ramifican desde un nervio en la parte media.

eringio

tártago

verónica

nervadura

Haz una guirnalda hawaiana

Dibuja en una cartulina el contorno de una flor como la que se muestra. Úsala como patrón para recortar muchas flores de papel de colores vivos.

Pasa un hilo por el centro de las flores con una aguja y ata los extremos. Cuélgatela del cuello.

Los árboles y los arbustos

Existen dos tipos principales de árboles y de arbustos. Los que pierden las hojas en el otoño y las renuevan en la primavera se llaman caducifolios; los que renuevan las hojas durante todo el año son los perennifolios. Las coníferas son árboles perennifolios; en lugar de flores producen piñas.

Buda y el árbol Bo
La leyenda cuenta que Buda se sentó a meditar bajo un árbol Bo. Ahí tuvo una gran idea que cambió su vida y lo convirtió en un gran maestro.

▽ Todos estos árboles son coníferas. Tienen hojas estrechas a las que no daña el frío, llamadas acículas o escamas, según su forma. Sus semillas están protegidas dentro de una piña dura.

piña

ciprés Nootke

△ Éste es un gingko, árbol muy antiguo relacionado con las coníferas.

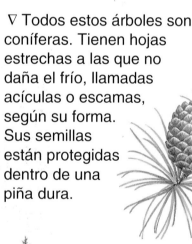

alerce

picea o abeto rojo

secoya llorona

árbol de invierno   árbol de verano

△ Los árboles caducifolios no tienen hojas en invierno, pero en verano se cubren de hojas verdes. Las hojas cambian de color en el otoño, antes de caer.

color en el verano   color en el otoño

pasionaria

▽ La mayor parte de los árboles y arbustos producen flores. La magnolia, el rododendro y la pasionaria tienen capullos muy bellos.

magnolia

rododendro

Haz un árbol con una rama

Busca una pequeña rama que tenga muchas ramitas. Decora una maceta con papel de colores y fija dentro de ella la rama con pasta para modelar. Pégale hojas y flores de papel de colores.

▷ Cada año crece un anillo nuevo de madera bajo la corteza de un árbol. Puedes contar los anillos para saber cuántos años tiene un árbol.

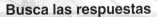

corteza

albura

duramen

Busca las respuestas

¿Cómo se llaman las hojas de las coníferas?

¿Cuándo se caen las hojas de los árboles caducifolios?

Plantas con esporas, hongos y líquenes

Las algas, los musgos y los helechos no tienen flores; en lugar de semillas tienen esporas. Casi todas las algas son acuáticas, los musgos crecen en lugares húmedos y los helechos por lo común en los bosques. A los hongos y los líquenes antes se les consideraba plantas; hoy se agrupan aparte. Los hongos no tienen hojas, tallos ni raíces. Los líquenes viven durante mucho tiempo.

△ El cabrito o cantarelo es un hongo amarillo que crece en algunos bosques.

Los duendes y las hadas

En los cuentos de hadas, los duendes y las hadas comen y se sientan sobre hongos. Por ello en algunos países se les llama "anillos de hadas" a los círculos que forman los hongos en el suelo.

Nunca cortes ni toques un hongo.

△ Este extraño hongo en forma de jaula se conoce como clatro rojo.

△ El bejín contiene millones de esporas que salen como nubes de humo cuando el hongo se rompe.

△ El hígado de buey crece en los árboles. A ese tipo de hongos se les llama "hongos en repisa".

▽ Muchas algas forman largos filamentos verdes y babosos en los estanques. Así se ven bajo un microscopio.

△ Existen algas de agua dulce y de agua salada. Algunas algas marinas miden varios metros de longitud.

△ La parte superior de la colmenilla, o cagarria, es una especie de casco arrugado color marrón muy oscuro.

▽ El musgo crece en lugares húmedos. Está formado por pequeños tallos y hojas. Así se ve bajo un microscopio.

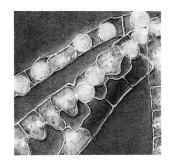

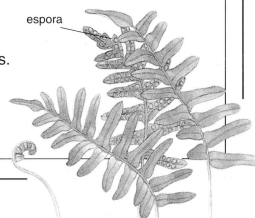

△ Los líquenes crecen muy lentamente en las paredes, los árboles y las piedras. Algunos viven hasta 4,000 años.

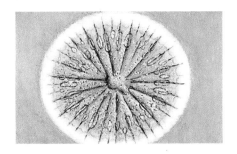

△ En la comida descompuesta aparecen unos hongos muy pequeños llamados moho. De ellos se obtiene un medicamento que lleva el nombre de penicilina.

espora

▷ Las hojas de los helechos nacen enrolladas. Cuando se abren dejan caer pequeñas esporas color café.

Las plantas exóticas

Hay plantas muy extrañas. Algunas tienen formas poco comunes y otras son de colores vivos y hermosos. También hay algunas feas. Las hay con forma de piedra, de botella o de pipa. Existen plantas cuyas raíces crecen sobre el suelo y árboles que viven durante miles de años y alcanzan alturas increíbles. ¡Incluso existen plantas que se alimentan de insectos!

▽ Las flores del cañacoro, o achira, crecen dentro de largas hojas de colores vivos. Estas hojas se llaman brácteas y son rojas y puntiagudas.

cañacoro o achira

bráctea

▷ El olor a pescado podrido de la aristoloquia brasileña atrae a las moscas. Si una mosca entra en ella queda atrapada y, al escapar, va cubierta de polen.

aristoloquia brasileña

◁ La nepente se alimenta de insectos. Tiene hojas en forma de jarra con paredes resbalosas y un líquido al fondo en el que se ahogan los insectos.

▷ Estas plantas se conocen como plantas piedra. Sus hojas tienen la apariencia de una piedra para que los animales no las coman. Si no fuera por sus flores de colores vivos, se confundirían con las piedras que las rodean.

◁ Las secoyas gigantes son los árboles más grandes y antiguos del mundo. Se cree que uno de ellos, que se encuentra en California, Estados Unidos, tiene 3,000 años de edad. Se le bautizó General Sherman.

▽ La raíz de la mandrágora se parece a las piernas de una persona.

△ El tronco en forma de botella de este árbol le sirve para almacenar agua en el desierto.

Las mandrágoras

Hace mucho tiempo, la gente creía que las mandrágoras eran plantas mágicas. Se creía que gritaban si alguien las arrancaba de la tierra.

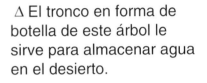

▽ Las raíces del falso ciprés de los pantanos asoman por encima del lodo.

◁ Observa qué pequeño se ve un niño de diez años junto a esta secoya gigante.

Las legumbres

Las legumbres son muy sabrosas y se pueden comer crudas o cocidas. Son necesarias para nuestro crecimiento, pues nos proporcionan vitaminas y minerales. Las partes comestibles de las legumbres pueden ser la raíz, las hojas, el tallo, las vainas o las semillas.

No todas las plantas son comestibles; muchas son venenosas.

espinaca

ejotes

lechuga

zanahoria

patatas

coliflor

△ De la lechuga se comen las hojas y de la zanahoria las raíces.

△ Comemos de la patata los tubérculos y de la coliflor las flores

△ Del frijol verde se comen las vainas, llamadas judías verdes o ejotes, y de la espinaca las hojas.

El nabo gigante
(Cuento popular ruso)
Un viejo plantó unas semillas de nabo y una de ellas creció hasta convertirse en el nabo más grande que jamás haya existido. No podía arrancarlo solo, así que le ayudó toda su familia, el perro, el gato y hasta un ratoncito.

Cofre de palabras
Las **vitaminas** son sustancias químicas naturales que se encuentran en las frutas y legumbres.
Los **granos** son semillas pequeñas y duras. Por lo general se muelen para hacer pan y pastas.

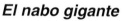

Los cereales y los aceites

Los cereales son plantas que se cultivan por sus semillas o granos. Algunos se muelen para hacer harina y con ella se preparan panes, pastas, galletas y pasteles. Otros se pueden comer con el desayuno, o bien se utilizan para alimentar a algunos animales.

Los frutos y semillas de muchas plantas proporcionan aceites vegetales. Éstos contienen algunas vitaminas necesarias y algunos se usan para cocinar.

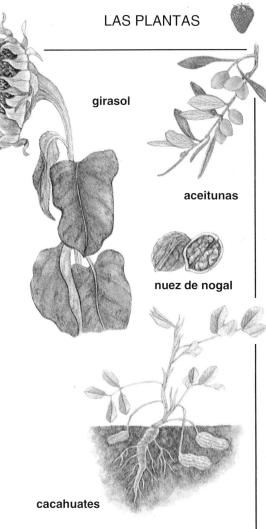

girasol

aceitunas

nuez de nogal

cacahuates

▽ El trigo y el maíz son cereales. La harina de trigo se utiliza para hacer pan. Las hojuelas o copos se hacen del maíz.

▽ El arroz y el mijo son también cereales. Los granos de arroz se comen por lo general enteros. El mijo puede molerse para mezclarse con leche.

△ Las aceitunas, las nueces de nogal, las pepitas de girasol y los cacahuates sirven para hacer aceites vegetales.

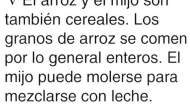

trigo

maíz

arroz

mijo

Busca las respuestas

¿De dónde provienen los aceites vegetales?

¿De qué están hechas las hojuelas o copos?

¿Qué producto se obtiene de las aceitunas?

Frutas, nueces y azúcares

Existen muy diversos tipos de frutas que crecen en todo el mundo. Las frutas son sabrosas y alimenticias. Son dulces pues contienen un tipo de azúcar llamado fructosa. El azúcar que se compra en las tiendas se obtiene de la remolacha o de la caña de azúcar.

Escribe un mensaje secreto

Escribe un mensaje secreto con jugo de limón fresco. Cuando seque, pide a un adulto que planche el papel. ¡Entonces podrás leer el mensaje secreto!

◁ La manzana es una fruta. Tiene la piel delgada y una pulpa jugosa con semillas pequeñas en su interior.

▽ La tuna es la fruta del nopal. Es sabrosa pero difícil de cortar.

▽ Las naranjas son buenas para la salud. Con ellas se puede preparar un zumo delicioso.

◁ El árbol del plátano es muy alto y crece en climas húmedos y calurosos. Sus frutos crecen en grandes racimos; primero son verdes y conforme maduran se vuelven amarillos.

△ Parte del azúcar que comemos se obtiene de la raíz de la remolacha.

▽ La cáscara dura de las nueces las conserva frescas durante mucho tiempo. Por eso se pueden comer nueces incluso en el invierno.

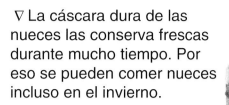

△ La mayor parte de las frutas se pueden comer crudas. Pero también se pueden comer cocidas, en mermeladas, pasteles o budines.

△ La caña de azúcar se cultiva en los países cálidos. El azúcar se extrae del jugo de los tallos.

▽ El azúcar se usa para endulzar la comida. Los caramelos contienen mucha azúcar; comer mucha azúcar daña los dientes.

△ También se pueden comer frutas secas. Pierden su jugo y se vuelven más dulces. Las frutas secas del verano pueden comerse durante todo el año.

△ Las abejas recogen un jugo dulce de las flores, llamado néctar, y lo convierten en miel

Winnie Pooh
(Cuento de A. A. Milne)
Winnie Pooh era un osito al que le gustaba mucho la miel. Por conseguirla vivía toda clase de aventuras. Pero mientras más miel comía, más contento estaba.

Las hierbas y las especias

Las hierbas y las especias se usan para añadirle sabor a la comida. Las hierbas son las hojas de ciertas plantas y las especias son los frutos, tallos, flores o raíces. A veces se usan frescas y a veces secas. Algunas hierbas se utilizan para preparar tés. Hay hierbas y especias de sabores fuertes y otras de sabores suaves y dulces.

Haz galletas de jengibre
Se necesitan:
115 g de azúcar morena
90 g de margarina
2 cucharadas de miel de arce
275 g de harina
2 cucharaditas de jengibre
orozuz

Pide a un adulto que derrita a fuego lento en una cacerola la margarina, el azúcar y la miel. Añade la harina y el jengibre. Mezcla hasta que quede una masa uniforme y pásale el rodillo hasta que tenga medio centímetro de grosor. Corta galletas con moldes en forma de personas. Mét.elas al horno durante 10 o 15 minutos a una temperatura de 180 °C. Simula el pelo con orozuz.

menta   albahaca

cilantro   hojas de laurel

¿Puedes encontrarlos?
1 pimientos
2 canela
3 jengibre
4 nuez moscada
5 clavos
6 granos de pimienta
7 cúrcuma
8 azafrán
9 orozuz

△ Estas plantas son hierbas que se usan en diversas partes del mundo para sazonar la comida.

▽ La vainilla es una especia muy dulce que proviene de la vaina de una orquídea.

Bebidas hechas de plantas

Algunas frutas se pueden exprimir para obtener zumos deliciosos. También se puede licuar la fruta con leche para preparar ricos batidos. Las bebidas calientes como el café, los tés y el chocolate también se hacen con plantas.

Nunca hagas zumo de una fruta extraña sin antes preguntar a un adulto.

▷ Todas estas frutas se usan para hacer bebidas. Podemos preparar zumo de naranja, toronja, limón, piña, manzana o uva.

◁ El chocolate se obtiene del fruto del árbol del cacao. Cada fruto es una baya, en cuyo interior están las semillas, llamadas también cacao.

▷ Los granos del cacao están dentro de una vaina. Después de sacarlos, se ponen a secar y se tuestan.

◁ Luego se trituran para producir el polvo de cacao. Con él se hace el chocolate, ya sea para comer o para beber.

△ El té se hace con las hojas de la planta del té.

△ El café se hace con las semillas de la planta del café.

Busca las respuestas

¿Qué se hace con los frutos del árbol del cacao?

¿El café proviene de las semillas o de las hojas de la planta?

Las plantas de interior

Existen muchas plantas que pueden crecer dentro de una casa; sólo necesitan tierra, aire, luz y agua. Pueden crecer durante todo el año. Incluso en invierno se puede tener flores dentro de la casa. También pueden cultivarse dentro de la casa algunas hierbas y algunos bulbos. Las plantas de interior por lo general tienen hermosas flores y es sencillo cuidarlas.

árbol bonsai

△ Los japoneses hacen hermosos jardines miniatura con árboles bonsai.

▽ Los bulbos se pueden sembrar en una maceta. Deben germinar en la oscuridad y después llevarse a la luz.

jacinto

narciso

narciso trompón

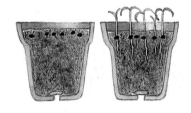

△ El perejil es una hierba. Puedes sembrar sus semillas en una maceta y poner ésta al lado de una ventana.

△ Si se mantiene en un lugar cálido y con suficiente luz solar, el perejil soportará el invierno.

▷ Las orquídeas pueden cultivarse en un invernadero.

bulbo

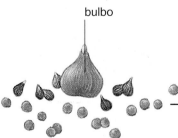

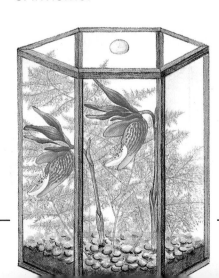

palma

begonia

cacto

Haz una cabeza con berros

Limpia media cáscara de huevo y pon dentro algodón húmedo. Esparce sobre el algodón las semillas y dibuja una cara afuera. Las semillas crecerán y formarán el pelo.

▽ En un balcón puedes tener plantas grandes, pero deberás proteger algunas de ellas durante el invierno.

△ Hay muchos tipos de plantas de interior. Éstas son algunas de ellas.

Cofre de palabras
Los **invernaderos** son construcciones de vidrio que protegen a las plantas delicadas del frío y el viento.
Bonsai es el arte japonés de hacer crecer árboles y arbustos enanos en macetas.

El cuidado de las plantas

Las plantas requieren de cuidado, especialmente si están en una maceta. Necesitan agua, aire y luz. Es necesario protegerlas contra insectos y hongos dañinos. Si una planta está sana, podemos usar partes de ella para sembrar plantas nuevas. A esto se le llama propagación.

espaldera

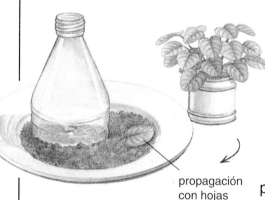

propagación con hojas

△ Las hojas de algunas plantas darán origen a una planta nueva si se ponen en tierra.

△ El listoncillo produce plantas nuevas en el extremo de tallos largos. Si se ponen en tierra, echarán raíces.

△ Los tallos de algunas plantas crecen agrupados, pero es fácil separarlos. Pueden plantarse en distintas macetas. Cada parte de la planta crecerá al mismo tamaño que la original.

△ Si se deja en agua un tallo de hiedra durante la primavera, le crecerán raíces y después podrá plantarse.

△ Algunas plantas producen plantas nuevas en sus propias raíces; luego se pueden separar y sembrar.

canasta colgante

Espalderas y canastas colgantes

Puedes ayudar a algunas plantas a crecer. Una trepadora subirá por una espaldera, que es una especie de marco de madera. Las plantas colgantes lucen bien en una canasta.

△ Las piedras en el fondo de una maceta permiten que el agua escurra. Esto evita que se pudran las raíces.

△ Si sales de viaje deja una botella de agua con un cordel que lleve el agua hasta la tierra de la maceta.

△ El coco es un insecto que ataca los cactos. Se elimina con insecticidas especiales.

△ Este hongo, conocido como mancha negra, daña las hojas de los rosales.

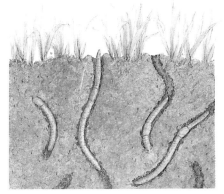

△ Algunos pequeños animales ayudan a las plantas a crecer. Las lombrices de tierra hacen túneles que permiten que entre aire al suelo.

△ Las mariquitas se comen a un pequeño insecto, llamado pulgón verde, que es nocivo para algunas plantas.

△ Si el aire es demasiado caliente o seco, es necesario humedecer las hojas de las plantas.

La decoración con plantas

Una casa decorada con flores y plantas se verá llena de vida. Se pueden hacer arreglos con flores y hojas frescas.

Existen formas de hacer que las plantas duren más tiempo; las flores y las hojas pueden secarse o prensarse.

Algunas plantas tienen un olor agradable. Sus pétalos secos pueden usarse para perfumar una habitación.

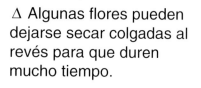

△ Algunas flores pueden dejarse secar colgadas al revés para que duren mucho tiempo.

▽ Hacer arreglos florales es un arte. Se pueden hacer con flores frescas o secas, así como con pastos y hojas de diversas formas.

△ Todas éstas son calabazas. Los jardineros las cultivan por sus formas y colores, no para comerlas.

Prensa flores

Para prensar flores necesitarás algunos libros y papel secante. Pon cada flor entre dos hojas de papel secante y colócalas en un libro. Coloca sobre el libro otros libros pesados y déjalos así durante un mes. Luego podrás usar las flores para decorar tarjetas o marcadores de libros.

Las plantas protectoras

En la antigüedad, se creía que el olor de algunas plantas alejaba las enfermedades. La gente usaba pequeños frascos redondos con perfume llamados pomos. A veces se usaba una naranja incrustada con clavos. También se pensaba que algunas plantas protegían contra los malos espíritus. ¡Se creía que el ajo ahuyentaba a los vampiros!

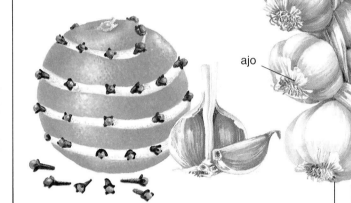

ajo

Las calabazas

A veces la gente usa las calabazas para hacer linternas. Para ello se corta la parte superior y se vacía el interior. Se cortan las partes de la cara y se pone una vela adentro.

▽ Las plantas con fragancia pueden secarse y usarse para dar a las casas un olor agradable. Éstas son algunas de las más conocidas.

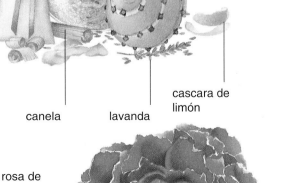

canela

lavanda

cascara de limón

rosa de damasco

raíz del lirio de Florencia

La importancia de las plantas

Las plantas son muy importantes. Producen oxígeno y absorben la luz solar que convierten en alimento. Muchos animales comen plantas y luego sirven, a su vez, de alimento para otros animales. Sin la luz del sol las plantas no podrían vivir, y sin ellas no podrían vivir los animales. Las plantas también son el hogar de muchos animales.

bambú

△ El panda depende del bambú, pues es casi el único alimento que come.

▽ Las plantas necesitan la luz del sol para crecer. Los animales se alimentan de plantas. Algunos insectos y lombrices introducen en el suelo el excremento de los animales y restos de otras plantas. Esto permite que el suelo proporcione alimento a las plantas nuevas. A esto se le llama una cadena alimenticia.

Algunas semillas son **venenosas**.

Siembra una semilla
Planta una semilla de melón, manzana o naranja en una maceta y riégala. Recorta el fondo de una botella de plástico transparente y úsala para cubrir la maceta.

Lleva la maceta a un lugar oscuro.
Cuando la semilla germine, llévala a la luz. Riégala y observa cómo crece.

Cofre de palabras
Un **hábitat** es el ambiente natural en que viven plantas y animales. La **contaminación** daña el ambiente. Puede matar a los seres vivos.

eucalipto

△ El koala necesita los árboles de eucalipto, pues se alimenta de sus hojas. Si la contaminación mata los eucaliptos, los koalas morirán también.

¿Puedes encontrarlos?

1 lechuza
2 buitre
3 urraca
4 pájaro carpintero
5 ardilla
6 hongos
7 mariposa
8 mariposa nocturna
9 hiedra

Plantas en peligro

Muchas plantas están en peligro. La contaminación, el fuego y la construcción de carreteras y edificios nuevos daña los sitios donde viven las plantas. Grandes superficies de bosque se talan cada año para convertirse en tierras de cultivo. Algunas plantas están en peligro de extinción, es decir, de desaparecer para siempre.

△ Cuando se incendia un bosque, los aviones contra incendios dejan caer agua y productos químicos para apagar las llamas.

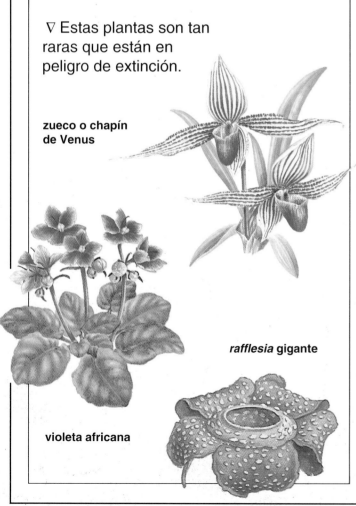

▽ Estas plantas son tan raras que están en peligro de extinción.

zueco o chapín de Venus

violeta africana

***rafflesia* gigante**

△ Muchos bosques se han destruido para obtener madera o para utilizarse como tierras de cultivo.

El futuro de las plantas

Los botánicos estudian las plantas de todo el mundo y sus hábitats. Tratan de saber mucho acerca de ellas para protegerlas y encontrar nuevas maneras de usarlas como alimento y medicina. Los científicos tratan de desarrollar plantas nuevas que puedan sobrevivir en los lugares donde es difícil producir suficientes alimentos.

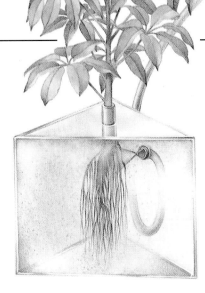

△ Los científicos han aprendido a cultivar plantas sin suelo. Mojan sus raíces con una mezcla de agua y fertilizante.

Nuevos tipos de trigo
Los científicos han desarrollado nuevas variedades de trigo resistentes a las plagas y las enfermedades y que producen un mayor número de granos. Esto proporcionará alimento a los habitantes de lugares donde la comida es escasa.

▽ Esta expedición estudia las plantas de la selva tropical húmeda. Tal vez encuentre plantas nuevas y útiles.

◁ Esta zanahoria, con una gran cantidad de vitamina A, se cultiva en países donde no pueden producirse suficientes alimentos que contengan dicha vitamina.

Las plantas útiles

Hace mucho tiempo, la gente se dio cuenta de que las plantas son útiles. Durante miles de años las plantas se han cultivado como alimento y para muchos otros usos. Muchas medicinas, productos para la salud y productos de belleza se obtienen de las plantas. Todas las plantas son útiles; desde las pequeñas flores hasta los árboles grandes.

△ La loción de árnica ayuda a curar los golpes.

△ Los capullos del tilo se usan para hacer tés relajantes.

◁ Las uvas de las viñas se usan para hacer vino. Los agricultores las han cultivado durante unos 5,000 años.

Haz colorantes naturales
Puedes hacer colorantes naturales con plantas. Usa remolachas o zarzamoras para obtener el color rojo, y piel de cebolla para el amarillo.

▷ El papiro es un tipo de caña. Crece cerca del agua en climas calurosos. Se usaba hace 4,500 años en Egipto para hacer papel.

Envuelve la fruta en un pañuelo. Amárralo bien y sumérgelo en una cacerola con agua.

◁ El maíz se cultiva en México desde hace 4,000 años. En muchos países es un alimento muy importante.

△ El toronjil puede usarse para preparar una bebida relajante.

△ El zumo del diente de león sirve para curar las verrugas.

Agrega una cucharadita de sal al agua y pide a un adulto que la ponga a hervir hasta que salga el color. Luego mete una camiseta blanca en el recipiente y déjala durante una hora. Verás cómo se pinta.

achiote

△ Los indios de la selva del Amazonas extraen tintes de las plantas para pintar su piel y protegerse de los insectos. Las semillas del achiote, o bija, producen un tinte rojo.

△ Las cañas del bambú son muy resistentes y pueden usarse para construir cercas y casas.

△ Las ramas del sauce se utilizan para tejer canastas.

△ Los tallos del junco de Indias, o rota, se usan para hacer muebles.

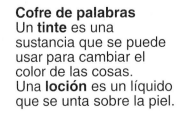

Cofre de palabras
Un **tinte** es una sustancia que se puede usar para cambiar el color de las cosas.
Una **loción** es un líquido que se unta sobre la piel.

247

Plantas inspiradoras

Las plantas dan buenas ideas a la gente. Muchos inventos útiles que se emplean en las casas, la ropa o el transporte están inspirados en la forma de algunas plantas.

▷ Las largas raíces del árbol del mangle lo sostienen por encima del agua.

◁ Las casas construidas sobre pilotes copian a los mangles para evitar que el agua las inunde.

▽ El lampazo fue el modelo para los cierres de Velcro, pues su flor tiene pequeñas espinas en forma de gancho.

frutos de arce

▷ Los helicópteros se elevan con el giro de las hélices; éstas tienen la forma de los frutos del arce o del sicomoro.

cierre de Velcro

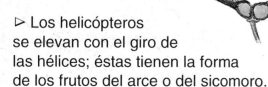

Los dinosaurios

¿Qué eran los dinosaurios?

Los dinosaurios vivieron en la Tierra hace millones de años, pero después se extinguieron, es decir, desaparecieron por completo. Se extinguieron mucho antes de que aparecieran los primeros hombres, así que nadie vio nunca un dinosaurio vivo.

Se sabe mucho acerca de los dinosaurios gracias a que se han hallado fósiles de sus huesos y de sus dientes. A veces se encuentran todos los huesos de un dinosaurio y se puede reconstruir el esqueleto completo para mostrarlo en un museo.

▷ Este esqueleto perteneció a uno de los dinosaurios más feroces, el *Tyrannosaurus rex*. El estudio de los huesos de los dinosaurios proporciona información acerca de cómo vivían.

la cola larga de este dinosaurio le ayudaba a mantener el equilibrio

Cofre de palabras
Los **fósiles** son restos y huellas de animales o de plantas que vivieron hace muchos años. Por lo general se encuentran convertidos en roca.
Los **paleontólogos** son los científicos que estudian los fósiles.

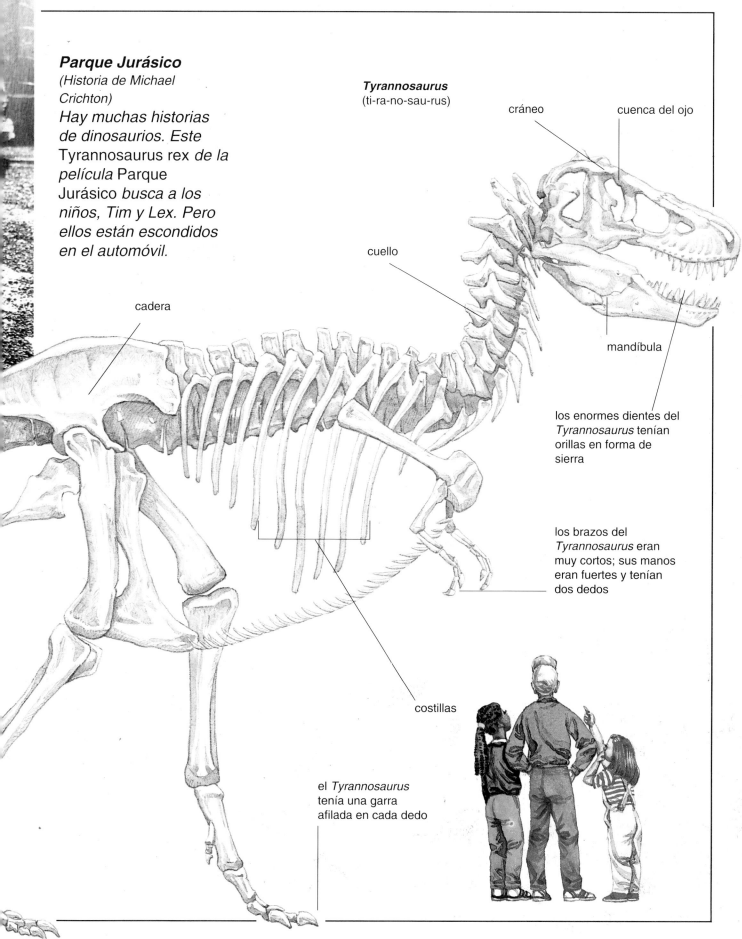

Parque Jurásico
(Historia de Michael Crichton)

Hay muchas historias de dinosaurios. Este Tyrannosaurus rex *de la película* Parque Jurásico *busca a los niños, Tim y Lex. Pero ellos están escondidos en el automóvil.*

Tyrannosaurus
(ti-ra-no-sau-rus)

cráneo

cuenca del ojo

cuello

mandíbula

cadera

los enormes dientes del *Tyrannosaurus* tenían orillas en forma de sierra

los brazos del *Tyrannosaurus* eran muy cortos; sus manos eran fuertes y tenían dos dedos

costillas

el *Tyrannosaurus* tenía una garra afilada en cada dedo

Las pistas que dejaron

Sabemos de la existencia de los dinosaurios por algunas pistas que dejaron. Se han encontrado fósiles de huesos, dientes, huellas, piel, huevos y nidos de dinosaurio. Todos estos fósiles son pistas que proporcionan información acerca de cómo eran y cómo vivían esos animales.

Hoy todavía se siguen encontrando pistas que completan el conocimiento acerca de los dinosaurios.

▽ Por los dientes y las garras se puede saber qué comía cada dinosaurio. Las huellas indican si era veloz al correr. Se han encontrado bebés dinosaurio dentro de huevos fosilizados.

diente

Pie Pequeño
(Cuento de Judy Freudberg y Tony Geiss)
La película de dibujos animados Pie Pequeño en busca del valle encantado *trata de un joven dinosaurio, llamado Pie Pequeño, al que separaron de su familia y enviaron a una peligrosa aventura al valle encantado.*

huevos

huesos de una pata

garra

huellas

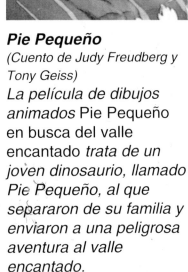

Allosaurus
(a-lo-sau-rus)

Stegosaurus
(es-te-go-sau-rus)

Brachiosaurus
(bra-quio-sau-rus)

Dryosaurus
(drio-sau-rus)

Iguanodon
(i-gua-no-don)
modelo realizado en 1853

△ En 1853 se pensaba
que el *Iguanodon* tenía un
cuerno en la nariz. Ahora
se sabe que no era un
cuerno, sino una
especie de pezuña
del dedo pulgar.

modelo actual

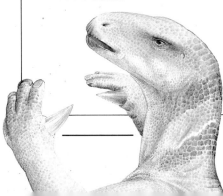

△ A partir de las pistas que
dejaron, se puede suponer
que los dinosaurios de
Norteamérica tenían esta
apariencia hace 150 millones
de años.

▽ Los científicos que
estudian los fósiles de
dinosaurio son los
paleontólogos. Ensamblan
los huesos encontrados
para descubrir la forma que
tenían los dinosaurios.

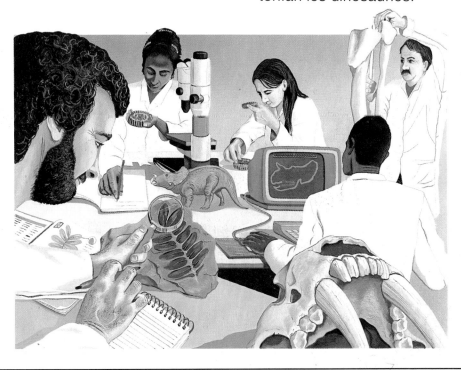

Los distintos dinosaurios

Los dinosaurios eran de diferentes formas y tamaños. Algunos eran enormes, mientras que otros tenían el tamaño de un pavo. Algunos caminaban en cuatro patas y otros sólo con las patas traseras. Había carnívoros feroces y pacíficos herbívoros. Los científicos piensan que los dinosaurios eran reptiles, por lo que seguramente ponían huevos y tenían escamas en la piel.

Apatosaurus
(a-pa-to-sau-rus)

Huellas de Apatosaurus
En México se encontraron algunas huellas de Apatosaurus. *Antes de encontrarlas se creía que los* Apatosaurus *eran demasiado pesados para vivir sobre la tierra firme y que necesitaban del agua para soportar su peso.*

Coelophysis
(coe-lo-fi-sis)

△ El *Coelophysis* fue uno de los primeros dinosaurios que existieron. Era del tamaño de un niño de 10 años.

▽ El *Diplodocus* era uno de los dinosaurios más grandes. Tenía el cráneo muy pequeño en comparación con su enorme cuerpo.

Cofre de palabras
Los **reptiles** son animales de sangre fría. Necesitan el calor del sol para mantener su cuerpo caliente.
Los **ovíparos** son animales cuyas crías nacen de huevos. Los reptiles son ovíparos

▽ El *Compsognathus* es el dinosaurio más pequeño que se conoce. Tenía pequeños dientes muy afilados y podía correr a gran velocidad para cazar lagartijas.

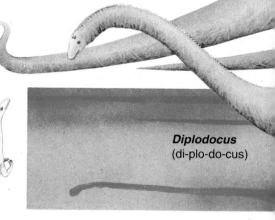

Diplodocus
(di-plo-do-cus)

Compsognathus
(comp-sog-na-tus)

Modela un dinosaurio
Prepara una masa con la receta que se da en la página 248.
Agrégale un poco de colorante vegetal y modela con ella algunos de tus dinosaurios favoritos. Para los que tienen cuello largo necesitarás un cilindro grueso.

▽ Algunos de los dinosaurios más grandes, como el *Seismosaurus* y el *Brachiosaurus*, eran herbívoros. El *Seismosaurus* era el más grande de todos; su nombre significa "el que estremece la Tierra". El *Tyrannosaurus rex* fue el más grande de los dinosaurios carnívoros. Si viviera podría asomarse por las ventanas de un edificio de varios pisos.

Seismosaurus
(sis-mo-sau-rus)

Brachiosaurus

Tyrannosaurus

¿Cómo se clasifican?

Los dinosaurios se clasifican en dos grupos, según la forma de su cadera. Si el hueso de la cadera apunta hacia adelante, se trata de un dinosaurio con cadera de lagartija; si la cadera apunta hacia atrás es un dinosaurio con cadera de pájaro. Los fósiles muestran que los dinosaurios tenían distintos tipos de piel. Algunos la tenían abultada y nudosa y otros estaban cubiertos de escamas pequeñas y lisas.

Dinosaurio combinado
Se colocó una cabeza de Camarasaurus *en el primer fósil que se halló de un* Apatosaurus. *Los científicos lo llamaron* Brontosaurus, *pero fue un error; ahora se sabe que este* Brontosaurus *combinado nunca existió.*

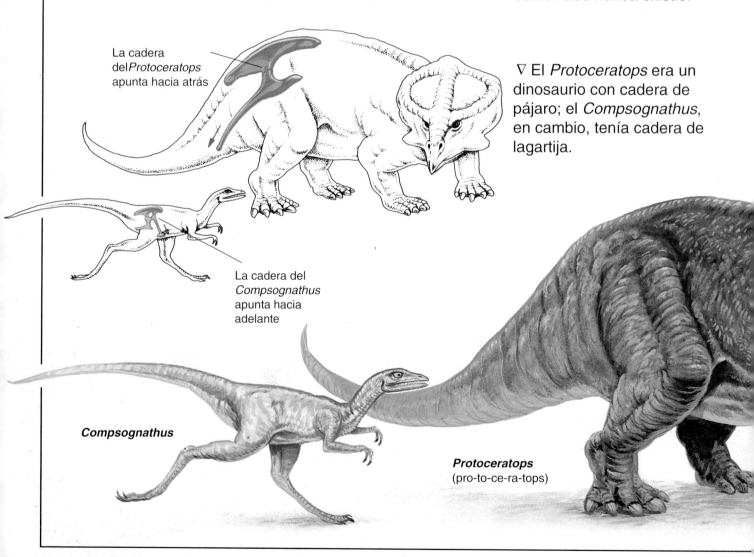

La cadera del*Protoceratops* apunta hacia atrás

∇ El *Protoceratops* era un dinosaurio con cadera de pájaro; el *Compsognathus*, en cambio, tenía cadera de lagartija.

La cadera del *Compsognathus* apunta hacia adelante

Compsognathus

Protoceratops
(pro-to-ce-ra-tops)

▷ Los fósiles de piel no muestran de qué color eran los dinosaurios. Tal vez tenían diferentes colores por razones diferentes, igual que los reptiles de hoy.

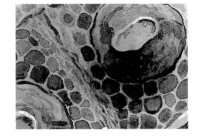

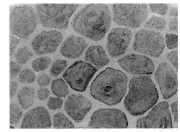

Ankylosaurus
(an-qui-lo-sau-rus)

Diplodocus

serpiente coral o coralillo

serpiente del desierto

△ Las serpientes coral, o coralillo, tienen franjas brillantes para alejar a los animales carnívoros. Su veneno es mortal. Las serpientes del desierto tienen color opaco para ocultarse en la arena.

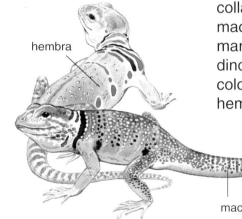

hembra

macho

◁ Entre los lagartos de collar, las hembras y los machos tienen diferentes marcas. Tal vez los dinosaurios macho eran de colores distintos que las hembras.

▷ Los cocodrilos jóvenes tienen franjas que les permiten ocultarse en la hierba.

cocodrilo joven

▽ Los cocodrilos adultos tienen un color pardo que les ayuda a ocultarse en las aguas lodosas.

cocodrilo adulto

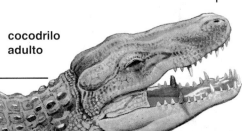

¿Dónde vivían los dinosaurios?

Hace millones de años, los continentes formaban una sola extensión de tierra firme. En ella habitaron los dinosaurios. Esto se sabe pues se han encontrado fósiles de diversos dinosaurios en todos los continentes. El mapa de abajo muestra la distribución actual de los continentes y señala algunos lugares donde se han hallado fósiles de dinosaurio.

▽ Se han encontrado huesos de *Hypsilophodon* en lugares tan lejanos como la Antártida, Australia y Europa. ¿Puedes localizar estos lugares en el mapa?

Hypsilophodon
(hip-si-lo-fo-don)

△ Cuando los continentes estaban unidos, formaban una sola extensión de tierra firme a la que se llamó Pangea. El mundo era muy distinto de lo que es en la actualidad.

▷ El *Staurikosaurus* se encontró en Sudamérica. Es uno de los dinosaurios más antiguos que se han hallado.

▽ El *Tyrannosaurus rex* fue uno de los dinosaurios más grandes. Sus restos se han encontrado en Asia y en Norteamérica.

NORTEAMÉRICA

SUDAMÉRICA

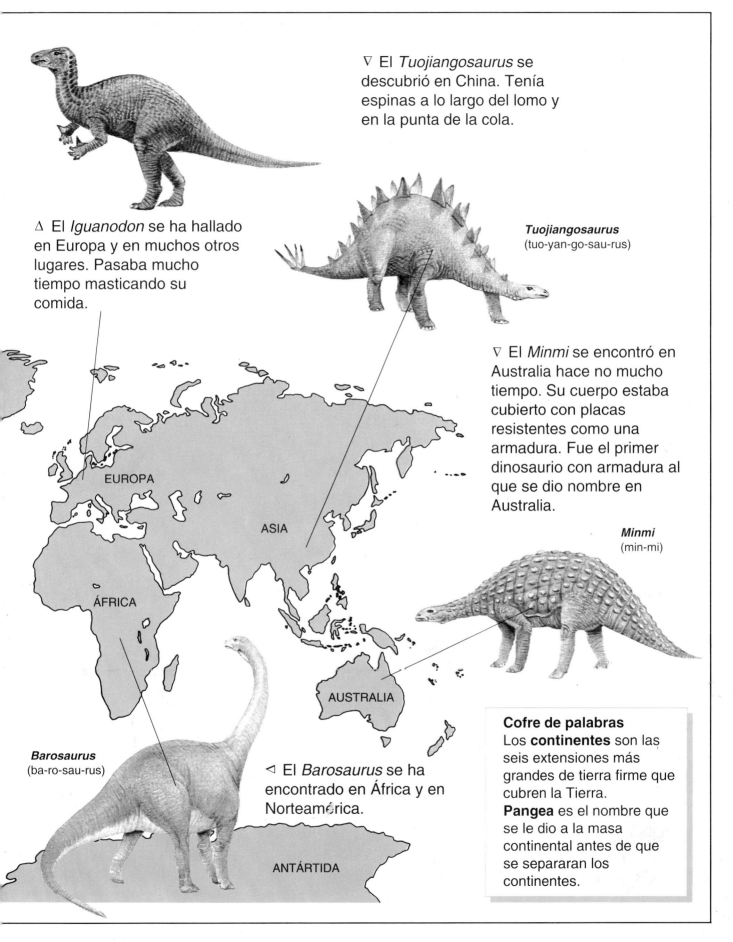

▽ El *Tuojiangosaurus* se descubrió en China. Tenía espinas a lo largo del lomo y en la punta de la cola.

Tuojiangosaurus
(tuo-yan-go-sau-rus)

△ El *Iguanodon* se ha hallado en Europa y en muchos otros lugares. Pasaba mucho tiempo masticando su comida.

▽ El *Minmi* se encontró en Australia hace no mucho tiempo. Su cuerpo estaba cubierto con placas resistentes como una armadura. Fue el primer dinosaurio con armadura al que se dio nombre en Australia.

Minmi
(min-mi)

EUROPA

ASIA

ÁFRICA

AUSTRALIA

Cofre de palabras
Los **continentes** son las seis extensiones más grandes de tierra firme que cubren la Tierra.
Pangea es el nombre que se le dio a la masa continental antes de que se separaran los continentes.

Barosaurus
(ba-ro-sau-rus)

◁ El *Barosaurus* se ha encontrado en África y en Norteamérica.

ANTÁRTIDA

259

Las familias de dinosaurios

Sabemos que los dinosaurios ponían huevos, como los reptiles de hoy, pues en Norteamérica se han encontrado fósiles de nidos con huevos. Algunos de esos nidos estaban muy cerca uno del otro, tal vez porque las madres formaban grupos para cuidar a sus pequeños. Se han descubierto huesos de *Maiasauras* adultos, jóvenes y bebés en el mismo lugar. Esto tal vez quiere decir que algunos dinosaurios vivían en familias.

△ Los fósiles de huevo de dinosaurio son muy difíciles de encontrar. Con este modelo puedes imaginarte cómo se veía un bebé dinosaurio antes de nacer.

Maiasaura
(ma-ya-sau-ra)

△ Una madre *Maiasaura* escarba el suelo para formar un nido. En él pondrá sus huevos, de cáscara muy dura.

△ Después pone hasta treinta huevos. Los acomoda en círculos, con la parte estrecha hacia abajo.

△ La madre *Maiasaura* cubre los huevos con hojas, helechos y tierra, para mantenerlos ocultos y calientes.

△ Los bebés *Maiasaura* permanecían en el nido y recibían alimento de sus padres hasta que tenían la edad suficiente para cuidarse por sí solos. Los cascarones se quebraban en pedazos muy pequeños.

△ Algunos bebés dinosaurio salían del nido a buscar comida poco después de romper el cascarón. Se cree que los *Hypsilophodon* dejaban el nido muy pronto, pues en sus nidos los cascarones no quedaban tan rotos.

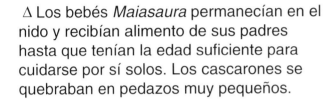

Juega a salir del cascarón

Traza un huevo en un cartón y recórtalo.

Úsalo para dibujar veinte huevos. Recórtalos y dibuja un pequeño dinosaurio en cada uno. Elabora dos tableros con 10 contornos de huevo en cada uno. Cada jugador coloca 10 huevos en su tablero con el dinosaurio hacia abajo.

Los jugadores se turnan para arrojar un dado. Deberán voltear tantos huevos como indique el dado. Quien voltee primero todos los huevos, será el ganador.

△ Otras madres *Maiasaura* construían sus nidos cerca. Juntas vigilaban los nidos para evitar que algún otro dinosaurio se robara los huevos.

¿Cómo vivían los dinosaurios?

Algunos dinosaurios crecían y vivían en grandes grupos llamados manadas. De este modo podían protegerse unos a otros. Nadie sabe con exactitud cuánto tiempo vivían los dinosaurios. Los científicos piensan que algunos alcanzaban la sorprendente edad de 200 años, pero muchos morían antes debido a alguna herida o enfermedad.

Haz un dibujo en acordeón

Dibuja dos imágenes del mismo tamaño, una con un dinosaurio solo y la otra con el resto de su manada.

Parasaurolophus
(Pa-ra-sau-ro-lo-fus)

hembra

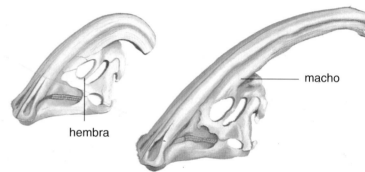

macho

◁ Los cráneos encontrados muestran que el *Parasaurolophus* macho tenía la cresta más larga que la hembra. Tal vez los dinosaurios macho usaban la cresta y los cuernos para conquistar a las hembras.

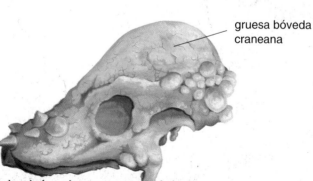

gruesa bóveda craneana

▷ La bóveda craneana del *Pachycephalosaurus* era muy gruesa. Tal vez los machos peleaban con la cabeza cuando querían ganar una hembra, igual que ahora los ciervos se pelean con las astas.

Pachycephalosaurus
(pa-qui-ce-fa-lo-sau-rus)

Dobla los dibujos como acordeón. Corta sobre los dobleces para formar tiras y pega las tiras alternadas en un pliego de papel. Dobla otra vez como acordeón. Observa de un lado y después del otro. ¿Qué es lo que ves?

∇ Un feroz *Tyrannosaurus* ataca a esta manada de *Triceratops*. Los pequeños y los más débiles se reúnen en el centro. Ahí están protegidos por los machos más grandes, que se colocan alrededor con los cuernos apuntando hacia afuera, listos para pelear.

Corythosaurus

El *Corythosaurus* tenía un tubo en el cráneo. Se cree que con él emitía un fuerte graznido para prevenir a la manada contra el peligro.

Corythosaurus
(co-ri-to-sau-rus)

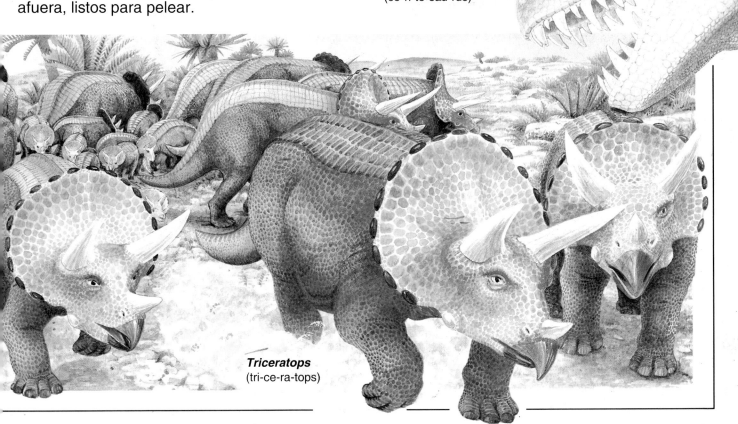

Triceratops
(tri-ce-ra-tops)

¿Cómo se movían los dinosaurios?

Tal vez los dinosaurios nadaban para cruzar los ríos, pero la mayor parte del tiempo lo pasaban sobre la tierra firme, donde comían, dormían y cuidaban a sus bebés. Por los fósiles de huellas se sabe cómo se desplazaban. Se puede saber si un dinosaurio viajaba solo o en manada, o si caminaba lento o rápido. Las huellas de dinosaurio se han encontrado por todo el mundo.

Busca las respuestas

¿Quién dejó huellas de patas con tres dedos?

¿Cómo se sabe que algunos dinosaurios viajaban en manada?

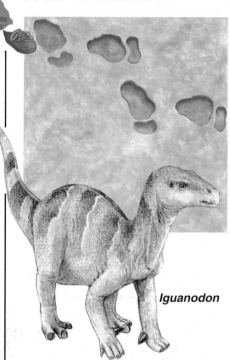

◁ El *Iguanodon* normalmente caminaba en cuatro patas, pero corría sólo sobre sus patas traseras.

▷ Las enormes huellas de tres dedos del *Megalosaurus* muestran que siempre se desplazaba con las patas traseras.

Iguanodon

Megalosaurus
(me-ga-lo-sau-rus)

Struthiomimus
(es-tru-tio-mi-mus)

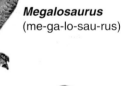

▷ Por el tamaño de sus patas y de sus huellas, se sabe que el *Struthiomimus* corría tan rápido como un caballo de carreras. Mientras más rápido corre un animal, más grande es el espacio entre sus huellas.

△ Muchos dinosaurios herbívoros viajaban grandes distancias en manadas de hasta cien animales, en busca de pastizales para alimentarse. Algunas huellas muestran que los animales más jóvenes caminaban en el centro de la manada, protegidos contra cualquier ataque.

▷ Todas estas huellas de *Apatosaurus* se dejaron al mismo tiempo. Eso prueba que algunos dinosaurios viajaban en manadas.

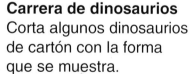

Carrera de dinosaurios
Corta algunos dinosaurios de cartón con la forma que se muestra.
Haz a cada uno un orificio en la cabeza. Pasa un cordel por el orificio de cada dinosaurio y átalo a una silla. Cada jugador moverá su cordel hacia arriba y hacia abajo para hacer correr a su dinosaurio; el dinosaurio que llegue primero a la silla será el ganador.

En busca de alimento

Algunos dinosaurios eran herbívoros, es decir, se alimentaban de plantas. Otros eran carnívoros: comían carne. Las especies más conocidas de herbívoros se alimentaban de hojas, piñas y raíces. Los carnívoros tenían grandes y fuertes quijadas y dientes afilados. Solían comerse a los pacíficos herbívoros.

▽ El *Edmontosaurus* era herbívoro. Sus grandes quijadas tenían cientos de dientes que le ayudaban a comer hojas y raíces duras.

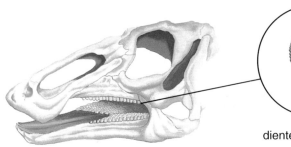

diente de herbívoro

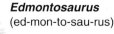

Edmontosaurus
(ed-mon-to-sau-rus)

△ El *Edmontosaurus* tenía un pico de hueso que le servía para arrancar plantas. Sus dientes se gastaban de tanto masticar, pero constantemente le crecían otros nuevos.

▽ Algunos herbívoros tragaban piedras, igual que los pájaros tragan guijarros para ayudar al estómago a moler y digerir los alimentos.

Planta para dinosaurios herbívoros

Enrolla con firmeza papel periódico. Asegúralo en el centro y la base con bandas elásticas. Haz cuatro cortes desde el extremo libre hasta la primera banda. Tira del centro del rollo y obtendrás una planta para dinosaurios herbívoros.

Coelophysis, *el caníbal*

Los científicos encontraron un pequeño Coelophysis *dentro de otro* Coelophysis *mayor. Algunos dinosaurios, por lo tanto, eran caníbales, es decir, ¡se comían unos a otros!*

▽ Los dientes de un carnívoro no eran como los de un herbívoro. Tenían la orilla parecida a una pequeña sierra que les servía para desgarrar la carne.

diente de carnívoro

▷ El *Tyrannosaurus* era el carnívoro más grande. Los carnívoros pequeños se alimentaban de distintos animales, pero el feroz *Tyrannosaurus* se alimentaba de otros dinosaurios.

Tyrannosaurus

La caza y la defensa

Algunos herbívoros se desplazaban velozmente y podían a veces escaparse de sus enemigos.

Otros dinosaurios se movían con lentitud, pero su cuerpo les ayudaba a defenderse. Tenían una armadura de placas sólidas, espinas o cuernos afilados con los que se protegían de sus enemigos.

Los carnívoros estaban siempre en busca de alimentos, así que los herbívoros debían ser capaces de escapar con rapidez o de pelear.

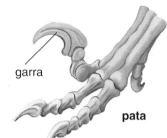

mano

garra

pata

△ El *Deinonychus* tenía largos dedos para sujetar a su presa y una terrible gran garra en las patas posteriores para cortar y desgarrar.

▽ El *Deinonychus* era del tamaño de un humano adulto. Cazaba en grupo para atrapar dinosaurios más grandes. El grupo acorralaba al animal, luego lo derribaba y lo mataba.

◁ El *Triceratops* tenía tres cuernos para defenderse de los carnívoros y una placa de hueso que protegía su cuello. De este modo lograba alejar a algunos atacantes.

▽ El *Ankylosaurus* se defendía gracias a una armadura de hueso que cubría su cuerpo y cabeza. Tenía también una maza en la punta de la cola.

▷ Incluso el gigante *Diplodocus* necesitaba defenderse. Para ello agitaba su larga cola como un látigo y así mantenía alejados a los carnívoros.

Haz un *Ankylosaurus*
Dibuja y recorta un *Ankylosaurus* de cartón como el que se muestra. Corta los cubos de un cartón de huevos y pega varios sobre el dinosaurio. Pégale también pedacitos de papel retorcido y tapas de botella. Luego píntalo con colores brillantes.

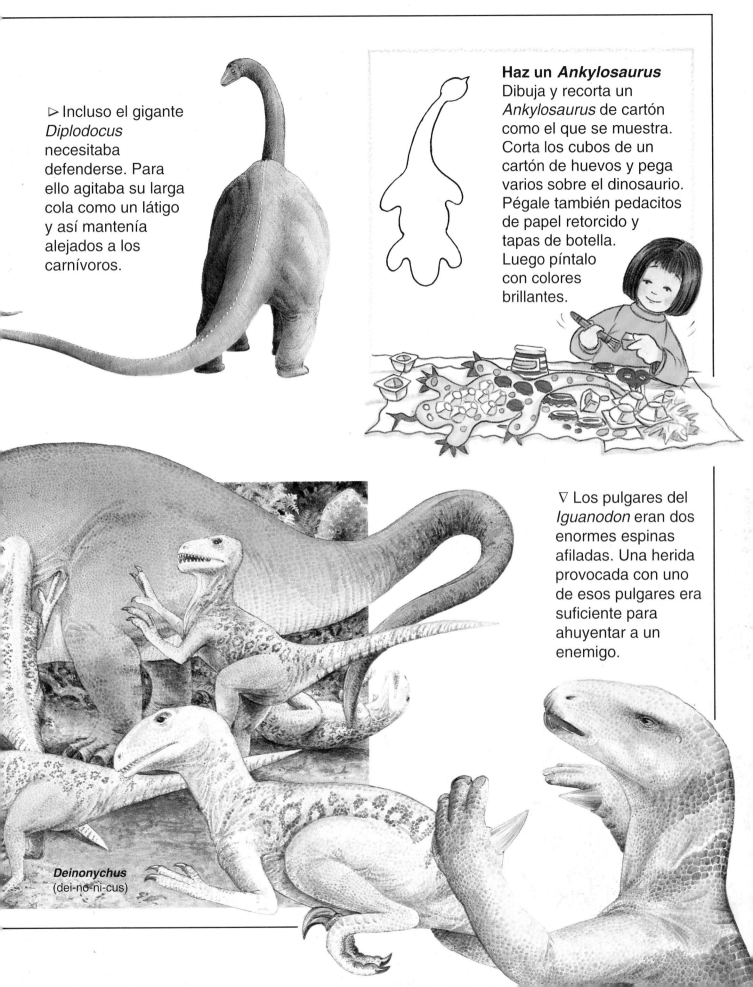

▽ Los pulgares del *Iguanodon* eran dos enormes espinas afiladas. Una herida provocada con uno de esos pulgares era suficiente para ahuyentar a un enemigo.

Deinonychus
(dei-no-ni-cus)

Los dinosaurios ruidosos

Los dinosaurios hacían toda clase de ruidos. En particular, los dinosaurios con pico de pato eran muy ruidosos. Emitían fuertes graznidos a través de la nariz, tal vez para atraer a una pareja o amenazar a un enemigo.

cresta

▷ El *Parasaurolophus* era un dinosaurio con pico de pato. Tenía tubos respiratorios dentro de su extraña cresta, de modo que cuando soplaba con fuerza, sonaba como una trompeta o un trombón.

piel elástica

◁ El *Edmontosaurus* también era un dinosaurio con pico de pato. Tenía un área de piel elástica en la parte superior de la nariz, que llenaba con aire para producir un sonoro mugido. Las ranas actuales croan con una membrana elástica que tienen en la garganta. Pero el *Edmontosaurus* era mucho más grande y ruidoso que cualquier rana.

¿Inteligentes o tontos?

Se creía que los dinosaurios no eran muy inteligentes pues su cráneo tenía un espacio muy reducido para el cerebro. Pero los expertos se preguntan cómo sobrevivieron durante tanto tiempo esos animales tan grandes.

Busca las respuestas

¿Qué dinosaurio tenía un cerebro casi del tamaño de una nuez?

¿Qué dinosaurios necesitaban un cerebro más grande?

Stenonychosaurus
(es-te-no-ni-co-sau-rus)

◁ El *Stenonychosaurus* era un pequeño carnívoro muy veloz. Tenía ojos grandes y buen sentido del olfato para encontrar pequeños animales con que alimentarse. Los cazadores como él necesitaban un cerebro más grande que el de los herbívoros.

▷ El *Stegosaurus* era tan pesado como un elefante, pero su cerebro era sólo un poco más grande que una nuez. Tal vez no necesitaba un cerebro de mayor tamaño. Su gran volumen lo protegía de sus atacantes, y podía estar tranquilo la mayor parte del día mientras se alimentaba.

nuez

cerebro

¿Sangre fría o caliente?

Los reptiles son animales de sangre fría. Los dinosaurios eran reptiles, así que tal vez eran de sangre fría. Pero los científicos no están seguros.

Los animales de sangre fría no pueden mantener su cuerpo caliente. Si el aire es cálido, entran en calor y están activos. Si el aire es frío, están inactivos y su cuerpo frío. Los animales de sangre caliente mantienen una temperatura constante porque su cuerpo produce calor.

△ Las lagartijas de nuestros días se acuestan bajo el sol para calentar su cuerpo. Si se calientan demasiado pueden refrescarse en la sombra.

◁ Tal vez el *Stegosaurus* tenía la sangre fría y las placas planas del lomo le servían para absorber el calor del sol en los amaneceres.

▷ Los pequeños y activos dinosaurios como el *Deinonychus* probablemente eran de sangre caliente, por lo que no necesitaban calentar su cuerpo antes de ir en busca de su desayuno.

Deinonychus

▽ A la salida del sol, probablemente el *Tyrannosaurus* gruñía y se desperezaba hasta que sentía el calor en su cuerpo.

▽ Debe de haber usado sus pequeños brazos para mantener el equilibrio mientras se impulsaba hacia arriba.

▽ Primero estiraba las patas traseras. Después estiraba el cuello hacia atrás y se impulsaba hacia arriba.

Diplodocus

▽ Por las noches, seguramente los dinosaurios dormían. Entonces los mamíferos, animales de sangre caliente, podían salir sin peligro de sus madrigueras a cazar insectos y comer frutas.

◁ Los dinosaurios grandes, como el *Diplodocus*, eran tan corpulentos que perdían el calor muy lentamente y podían permanecer calientes todo el tiempo.

¿Qué es la evolución?

La Tierra tiene muchos, muchísimos años. Las primeras plantas y animales que existieron eran pequeñas células en el mar. A partir de esas células se desarrollaron plantas y animales más grandes. A este proceso se le llama evolución. Los dinosaurios aparecieron hace 230 millones de años. Pero hace 65 millones de años se extinguieron, es decir, desaparecieron totalmente.

los primeros seres vivos aparecieron en el mar hace 3,500 millones de años

los primeros animales terrestres vivieron hace 395 millones de años

los primeros reptiles existieron hace 345 millones de años

▽ Si imaginas que la edad de la Tierra es un día y una noche y que ahora es media noche, los seres humanos llevaríamos sólo un minuto sobre la Tierra. Los dinosaurios aparecieron poco antes de las once.

todos los dinosaurios se extinguieron hace 65 millones de años

los primeros seres humanos vivieron hace dos millones de años

◁ La Tierra se formó hace 4,600 millones de años, pero durante millones de años no existió ningún tipo de vida en ella.

ERA	SE INICIÓ
Arqueozoica	hace 4,000 millones de años
Proterozoica	hace 2,500 millones de años
Paleozoica	hace 570 millones de años
Mesozoica	hace 245 millones de años
Cenozoica	hace 65 millones de años

el primer pez vivió en el mar hace 500 millones de años, cuando no había vida en la tierra firme

las primeras plantas crecieron en tierra firme hace 435 millones de años

los primeros dinosaurios vivieron hace 225 millones de años

las primeras aves aparecieron hace 145 millones de años

en la actualidad los seres humanos comparten la Tierra con muchos animales y la evolución sigue su curso

Cofre de palabras
La **evolución** es la forma en que se ha desarrollado la vida sobre la Tierra a partir de pequeñas células que existieron hace millones de años. Cuando un animal o planta se **extingue**, significa que todos los de su especie desaparecen para siempre.

Los primeros animales

Los primeros animales y plantas vivieron en el mar; eran tan pequeños que sólo hubieran podido observarse a través de un microscopio. Los peces fueron los primeros animales con huesos. Los otros animales con huesos, como los dinosaurios y los seres humanos, se desarrollaron sobre la tierra firme.

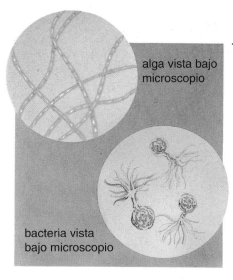

alga vista bajo microscopio

bacteria vista bajo microscopio

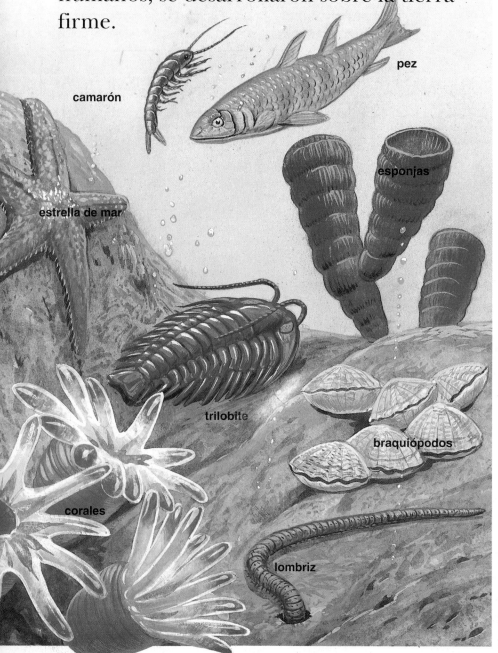

camarón

pez

estrella de mar

esponjas

trilobite

braquiópodos

corales

lombriz

medusa

△ Las primeras plantas y animales eran como las pequeñas algas y bacterias que viven ahora en la tierra y en el mar. Las medusas y los crustáceos aparecieron después.

◁ Los trilobites se extinguieron. Conocemos su forma y la de otros animales que vivieron hace 600 millones de años por los fósiles que se han encontrado.

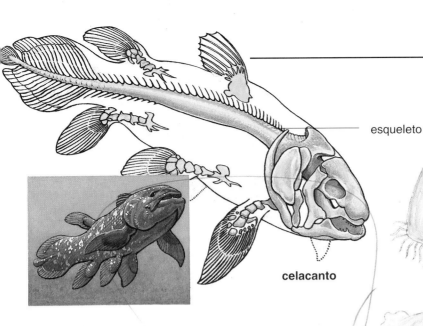

esqueleto

celacanto

Busca las respuestas
¿Cuáles fueron los primeros animales con huesos?
¿Quedan algunos trilobites vivos en la actualidad?

△ Los primeros celacantos vivieron hace más de 300 millones de años. Se creía que se habían extinguido, hasta que se encontró uno en 1938. En la actualidad aún existen celacantos en algunos mares.

Relaciona los animales y sus fósiles
Observa con cuidado las imágenes. ¿Qué fósil pertenece a cada animal?

1

2

3

amonita

pez

trilobite

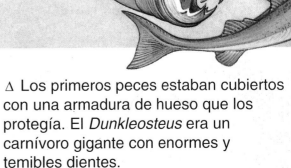

Dunkleosteus
(dun-clos-te-us)

△ Los primeros peces estaban cubiertos con una armadura de hueso que los protegía. El *Dunkleosteus* era un carnívoro gigante con enormes y temibles dientes.

Hacia la tierra firme

Hace aproximadamente 380 millones de años, algunos peces emigraron a la tierra firme y se convirtieron en anfibios. Los anfibios vivían sobre tierra, pero tenían que regresar al agua a poner sus huevos. Después de los anfibios aparecieron los reptiles, que sí ponían sus huevos en la tierra. Los dinosaurios eran reptiles.

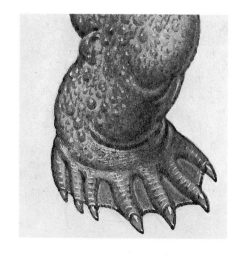

△ Los primeros animales terrestres tenían patas que parecían aletas.

◁ El *Ichthyostega* fue uno de los primeros anfibios. Tenía siete dedos en cada pata trasera para ayudarse a caminar, además del cuello corto y una resistente caja torácica que le ayudaban a mantenerse en pie.

Ichthyostega
(ic-tios-te-ga)

Diplocaulus
(di-plo-cau-lus)

Eogyrinus
(eo-ji-ri-nus)

▽ Los anfibios podían vivir en tierra firme y agua dulce, pero no en el agua salada. El *Eogyrinus* se alimentaba de peces en los lagos.

△ La extraña cabeza del *Diplocaulus* le ayudaba a nadar y tal vez le servía para evitar que otros animales lo tragaran.

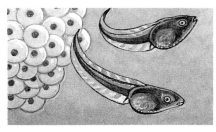

△ Los anfibios ponían sus huevos en el agua durante la era de los dinosaurios, igual que lo hacen actualmente. Los huevos son suaves y gelatinosos y de ellos nacen pequeños renacuajos.

△ Los reptiles ponen sus huevos en tierra seca. El pequeño se alimenta de la yema dentro del cascarón duro, hasta que es suficientemente grande para salir.

Hylonomus
(hi-lo-no-mus)

△ El *Hylonomus* fue uno de los primeros reptiles. Vivía en Canadá hace 300 millones de años. Tenía la apariencia de una lagartija moderna.

aleta

Dimetrodon
(di-me-tro-don)

▽ El *Dimetrodon* era un reptil con una gran aleta en el lomo. Tal vez esta aleta le servía para acumular el calor del sol en las mañanas y ayudarlo a entrar en actividad.

Haz una rueda de anfibios

 Corta un círculo de cartón y divídelo en cuatro secciones. Dibuja en cada sección una etapa de la vida de un anfibio.

 Coloca el círculo bajo el cuadrado de cartón y une ambos con un broche. Gira la rueda y observa el desarrollo del anfibio.

Corta un cuadrado de cartón un poco más grande que el círculo. Haz un corte triangular en uno de los lados del cartón como se muestra.

De vuelta al mar

Algunos reptiles volvieron al mar para obtener alimento. Estos reptiles marinos vivieron al mismo tiempo que los dinosaurios. Algunos de ellos, como el *Nothosaurus*, podían vivir sobre tierra y en el mar. Tal vez tenían patas anchas, en forma de aletas, que les servían para impulsarse dentro del agua o para pasearse por la orilla. Algunos reptiles, como el *Ichthyosaurus*, deben de haber nadado en grupos en busca de alimento.

△ El *Ichthyosaurus* no podía salir del mar para poner sus huevos pues no tenía patas. Sus pequeños nacían en el agua.

▽ Tal vez el *Nothosaurus* buscaba su comida en el mar y descansaba en la tierra, igual que las focas hoy en día.

¡Una niña encuentra un pez gigante!
A los 12 años de edad, hace casi 200 años, Mary Anning encontró en un acantilado un fósil de un Ichthyosaurus completo. En ese tiempo la gente pensó que se trataba de un pez gigante.

Nothosaurus (no-to-sau-rus)

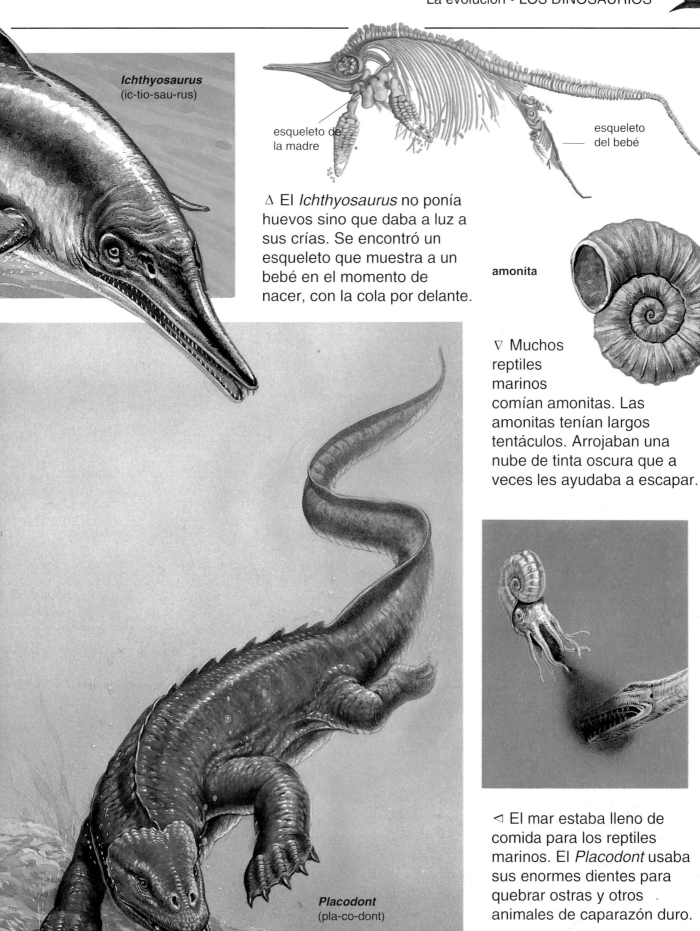

Ichthyosaurus
(ic-tio-sau-rus)

esqueleto de
la madre

esqueleto
del bebé

△ El *Ichthyosaurus* no ponía
huevos sino que daba a luz a
sus crías. Se encontró un
esqueleto que muestra a un
bebé en el momento de
nacer, con la cola por delante.

amonita

▽ Muchos
reptiles
marinos
comían amonitas. Las
amonitas tenían largos
tentáculos. Arrojaban una
nube de tinta oscura que a
veces les ayudaba a escapar.

◁ El mar estaba lleno de
comida para los reptiles
marinos. El *Placodont* usaba
sus enormes dientes para
quebrar ostras y otros
animales de caparazón duro.

Placodont
(pla-co-dont)

281

Los reptiles gigantes

Hasta donde sabemos,
los dinosaurios no vivían en el mar.
Pero sus parientes, los reptiles gigantes, sí
eran animales marinos. Al igual que los
dinosaurios, los reptiles marinos necesitan
salir a la superficie para respirar oxígeno.

Muchos reptiles terrestres y acuáticos
han desaparecido; pero aún sobreviven las
serpientes, los cocodrilos y las tortugas. Los
científicos estudian los reptiles de la
actualidad para conocer más acerca de sus
antepasados.

Kronosaurus
(cro-no-sau-rus)

△ El *Kronosaurus* pertenecía
al grupo de reptiles marinos
llamado pliosauros. Todos
los pliosauros tenían la
cabeza grande, el
cuello corto y la cola
muy larga. El cráneo
de un *Kronosaurus*
era del tamaño
de un automóvil
grande.

Tanystropheus
(ta-nis-tro-fe-us)

▽ Algunos de los reptiles
marinos disfrutaban de lo
mejor de ambos mundos. Un
bebé *Tanystropheus*
atrapaba insectos en tierra,
pero cuando crecía podía
atrapar peces en el mar.
Gracias a su cuello
sorprendentemente largo,
alcanzaba aguas profundas.
¡Cada uno de los 12 huesos
de su cuello medía hasta 30
centímetros de largo!

Deinosuchus
(dei-no-su-cus)

▽ Los primeros cocodrilos vivieron hace más de 200 millones de años. El *Deinosuchus* era un enorme monstruo que vivía en los pantanos. Era más grande que cualquier cocodrilo actual. El más grande medía 16 metros de la nariz a la cola.

Edward Cope

Othniel Marsh

Elasmosaurus
(e-las-mo-sau-rus)

La cola y la cabeza
El científico estadounidense Edward Cope construyó un modelo de Elasmosaurus, *pero estaba equivocado. ¡Othniel Marsh demostró que Cope había puesto la cabeza en el extremo de la cola!*

Archelon
(ar-que-lon)

▷ El *Archelon* era una tortuga gigante, de cuatro metros de largo. Nadaba en los mares que cubrían parte de Norteamérica hace 100 millones de años. Sus grandes patas en forma de remo lo hacían un nadador rápido y resistente.

Los reptiles voladores

Hace 250 millones de años existieron algunos reptiles que volaban. En un principio eran sólo planeadores. Las alas los mantenían en el aire cuando saltaban de un árbol a otro. Pero los primeros reptiles realmente voladores fueron los pterosaurios. Cada ala era una delgada capa de piel a lo largo del brazo y de un dedo muy delgado. Los pterosaurios eran de sangre caliente. Tenían el cuerpo y las alas cubiertos de pelo muy corto, como los murciélagos actuales.

Rhamphorhynchus
(ram-fo-rin-cus)

▷ Casi todos los pterosaurios comían pescado. El *Rhamphorhynchus* sacaba peces del mar y los tragaba enteros.

△ Por su tamaño, los grandes pterosaurios se parecían más a un pequeño avión que a un pájaro. El más grande era el *Quetzalcoatlus*, que tenía alas de 12 metros de largo.

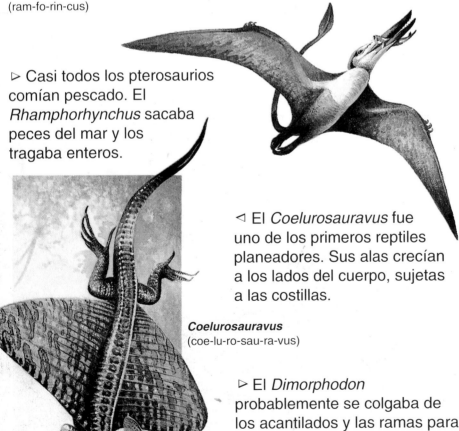

◁ El *Coelurosauravus* fue uno de los primeros reptiles planeadores. Sus alas crecían a los lados del cuerpo, sujetas a las costillas.

Coelurosauravus
(coe-lu-ro-sau-ra-vus)

▷ El *Dimorphodon* probablemente se colgaba de los acantilados y las ramas para descansar. Para ello utilizaba los dedos en forma de garra.

Dimorphodon
(di-mor-fo-don)

Quetzalcoatlus
(quet-zal-coa-tlus)

Pteranodon
(te-ra-no-don)

Busca las respuestas

¿Qué comían la mayor parte de los pterosaurios? ¿Cuál era el pterosaurio más grande?

Pterodaustro
(te-ro-daus-tro)

△ El *Pterodaustro* vivía en Sudamérica. Probablemente se deslizaba sobre la superficie del agua para atrapar pequeños animales con ayuda de sus diminutos dientes.

Haz una cometa pterosaurio
Corta dos varillas de madera, una más larga que la otra. Pide a un adulto que haga una muesca en cada extremo. Ata ambos carrizos con un cordel en el centro y pasa otro cordel alrededor de modo que se inserte en las cuatro muescas. Coloca este marco sobre una bolsa de plástico transparente y corta alrededor dejando un borde de 5 centímetros. Rodea el marco con el plástico y pégalo con firmeza. Dibuja en papel un pterosaurio, recórtalo y pégalo al frente de la cometa. Anuda una cuerda tal como se muestra.

285

Las primeras aves

En 1860 se encontró el fósil de una pluma de pájaro en una mina alemana. Un año después se encontró un esqueleto completo que mostraba plumas en las alas y la cola. Tenía 150 millones de años de antigüedad, así que vivió en el tiempo de los dinosaurios. A esta ave se le dio el nombre de *Archaeopteryx*, que significa "ala antigua".

▷ Las primeras aves tenías garras en las alas.

Eoraptor
(e-o-rap-tor)

◁ Los reptiles voladores deben de haber aprendido a volar al saltar de árbol en árbol. Cuando el *Archaeopteryx* cazaba insectos, tal vez agitaba las alas para elevarse del suelo.

correcaminos

△ Muchos científicos piensan que los dinosaurios fueron los antepasados de las aves modernas. El *Archaeopteryx*, por ejemplo, es similar al *Eoraptor*, el dinosaurio más antiguo que se conoce. También la forma del correcaminos, que es un ave moderna, es similar a la del *Archaeopteryx*.

Archaeopteryx
(ar-quiop-te-rix)

Busca las respuestas

¿Dónde se encontró el primer fósil de pluma?

¿Qué significa *Archaeopteryx*?

¿Tenían dientes las primeras aves?

▽ El *Archaeopteryx* tenía garras en las alas. En la actualidad, los jóvenes hoazines tienen garras al frente de cada ala para sujetarse a las ramas de los árboles.

hoazín

gaviota actual

Ichthyornis
(ic-tior-nis)

Las aves modernas no tienen dientes, pero las primeras aves sí tenían. El *Ichthyornis* era un ave marina y tal vez vivía como gaviota.

El *Hesperornis* no podía volar y tal vez vivía como los pingüinos de hoy. Se deslizaba sobre las rocas, nadaba en el mar y se zambullía en busca de peces.

Hesperornis
(hes-pe-ror-nis)

287

La desaparición de los dinosaurios

Los dinosaurios se pasearon por el mundo durante 165 millones de años, en el período llamado Era Mesozoica. No se han encontrado huesos de dinosaurio posteriores a ese tiempo, pues los dinosaurios se extinguieron. Esto quiere decir que murieron o desaparecieron para siempre. Pero, ¿por qué desaparecieron?

	período Triásico

ERA PALEOZOICA

△ La historia de la Tierra se divide en partes llamadas eras. Los dinosaurios vivieron durante la Era Mesozoica. Esta era se divide, a su vez, en tres períodos: Triásico, Jurásico y Cretácico. En cada período vivieron distintos dinosaurios, pero ninguno después de la Era Mesozoica.

▽ No sólo se extinguieron los dinosaurios. También los pterosaurios, las amonitas y los grandes reptiles marinos.

víctimas

▽ Fueron pocos los tipos de animales que sobrevivieron. En la actualidad aún viven insectos, peces, ranas, aves, mamíferos y algunos reptiles.

Cofre de palabras
Los **mamíferos** son animales de sangre caliente cubiertos de pelo. Al nacer se alimentan con la leche de su madre.
La **edad de hielo** fue una época, hace mucho tiempo, en que el hielo cubrió un área de tierra mayor de la que cubre en la actualidad.

sobrevivientes
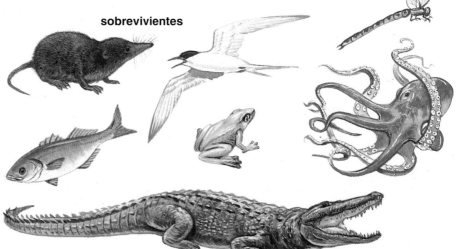

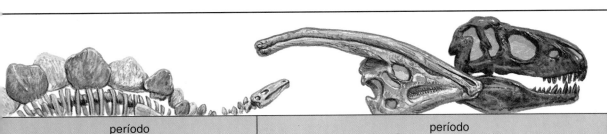

período Jurásico	período Cretácico	

ERA MESOZOICA

ERA CENOZOICA

¿Por qué murieron?

Nadie sabe exactamente por qué murieron los dinosaurios.

▷ Tal vez eran demasiado grandes. Sin embargo, los pequeños desaparecieron también.

◁ Tal vez los dinosaurios eran demasiado tontos para sobrevivir. Pero si es así, ¿por qué sobrevivieron tanto tiempo?

▷ Tal vez nuevas plantas los envenenaron. Pero había otras plantas que comer.

◁ Tal vez los mamíferos comieron muchos huevos de dinosaurio. Pero eso los habría aniquilado mucho antes.

Algunos científicos creen que los dinosaurios murieron cuando un meteorito chocó contra la Tierra. Esto provocó una enorme nube de polvo que tapó la luz solar. Tal vez los dinosaurios murieron por la falta de calor solar.

El reino de los mamíferos

Los mamíferos son animales de sangre caliente y cubiertos de pelo. Los primeros mamíferos vivían junto con los dinosaurios, pero no se extinguieron al final de la Era Mesozoica. Han sobrevivido hasta la actualidad.

Después de los dinosaurios, los mamíferos dominaron la Tierra. Primero eran pequeños pero se desarrollaron mamíferos más grandes.

Indricotherium
(in-dri-co-te-rium)

▽ Los primeros mamíferos vivían en los bosques, donde se alimentaban de hojas e insectos. El *Plesiadapis* vivía en los árboles, igual que los monos. El *Hyracotherium* fue el primer caballo. El primer carnívoro fue el *Andrewsarchus*.

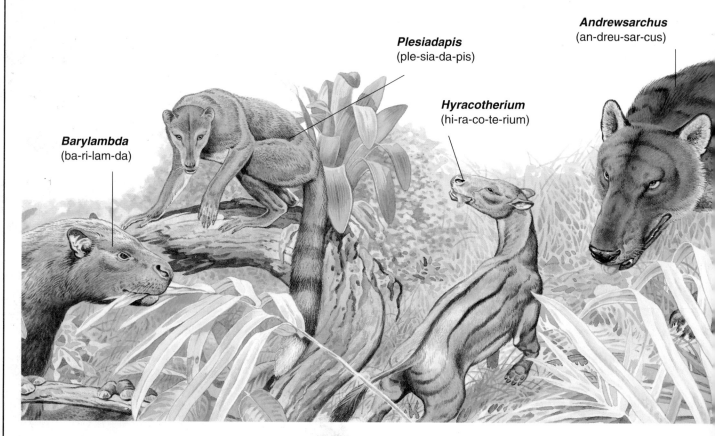

Barylambda
(ba-ri-lam-da)

Plesiadapis
(ple-sia-da-pis)

Hyracotherium
(hi-ra-co-te-rium)

Andrewsarchus
(an-dreu-sar-cus)

◁ El *Indricotherium* fue el mamífero más grande que ha existido. Tenía el mismo peso que cinco elefantes modernos.

La conservación del calor

La piel de los mamíferos los mantiene calientes. Para comprobarlo, llena dos recipientes iguales con agua caliente. Envuelve uno de ellos con un lienzo de lana, como una bufanda. Después de media hora compara las temperaturas del agua. El lienzo de lana actúa como un abrigo de piel y mantiene la temperatura del agua.

▽ Hace 30 millones de años la temperatura de la Tierra aumentó y aparecieron los primeros pastizales. Los mamíferos herbívoros se desarrollaron gracias a esta fuente de alimento.

Gomphotherium
(gom-fo-te-rium)

Hoplophoneus
(ho-plo-fo-ne-us)

Brontotherium
(bron-to-te-rium)

Archaeotherium
(ar-quio-te-rium)

Palaeolagus
(pa-lio-la-gus)

Poebrotherium
(pi-bro-te-rium)

Cynodictis
(ci-no-dic-tis)

Cazadores de la edad de hielo

Durante el último millón de años, hubo varias edades de hielo. Lentamente los cálidos pastizales cedieron terreno a la nieve y el hielo. Gran parte de Europa y Norteamérica se cubrió de hielo. A muchos animales les creció pelo más grueso para ayudarlos a mantener el calor.

Los seres humanos aparecieron hace dos millones de años. Durante las edades de hielo cazaron animales para alimentarse.

△ Los hombres de la edad de hielo pintaban escenas de cacería en las cuevas. Esas escenas se llaman pinturas rupestres.

▽ El largo y grueso pelo del mamut lanudo lo protegía del frío. El *Smilodon* cazaba bisontes lanudos, para lo cual contaba con dos enormes colmillos.

mamut lanudo

En Australia y Nueva Zelanda no hubo edad de hielo. Algunas especies, como el canguro gigante y el moa, vivieron en esas tierras cálidas.

moa, Nueva Zelanda

Smilodon

(es-mi-lo-don)

canguro gigante, Australia

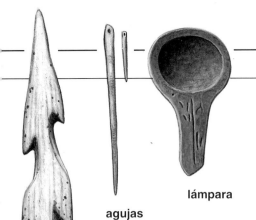

lámpara

agujas

▷ Los seres humanos vivían en pequeños grupos. Usaban pieles y huesos de animales para elaborar ropa y tiendas que los protegían del frío.

◁ Los hombres de la edad de hielo aprendieron a encender fuego. Para alumbrarse usaban lámparas de piedra untadas con grasa animal. Fabricaban herramientas de hueso y piedra, que usaban para cazar animales.

punta de lanza

Haz un mamut lanudo

Dibuja la silueta de un mamut lanudo. Colorea los colmillos y los ojos. Para simular la piel, pega algunos trozos de lana café rojiza.

El descubrimiento de los dinosaurios

Se sabe de la existencia de los dinosaurios desde hace menos de 200 años. Antes, si alguien encontraba un hueso de dinosaurio, la gente creía que se trataba de un dragón o de un gigante.

Con el tiempo, los científicos se dieron cuenta de que los huesos eran restos de animales que habían muerto mucho tiempo atrás. Los huesos se habían convertido poco a poco en piedra, es decir, en fósiles.

△ Algunos fósiles nos muestran algo más que huesos. Esta araña quedó atrapada en la resina pegajosa de un árbol. Al endurecerse, la resina se convirtió en ámbar y conservó la araña entera.

△ Animales como el *Diplodocus* murieron hace 150 millones de años.

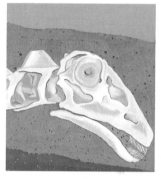

△ Capas de arena y lodo los cubrieron y la carne se desintegró.

△ Con el tiempo, el lodo se convirtió en roca. Los huesos se volvieron fósiles.

△ Mucho, mucho tiempo después, alguien tiene la suerte de encontrar el fósil, que debe desenterrarse con cuidado.

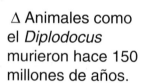

Cofre de palabras
Los **laboratorios** son construcciones especiales donde los paleontólogos estudian los fósiles.
Los **microscopios** son instrumentos que ayudan a los científicos a observar los objetos muy pequeños.

▷ Este mamut lanudo se congeló hace miles de años en Rusia. El hielo conservó la carne y la piel del mamut.

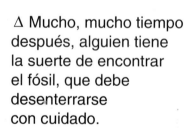

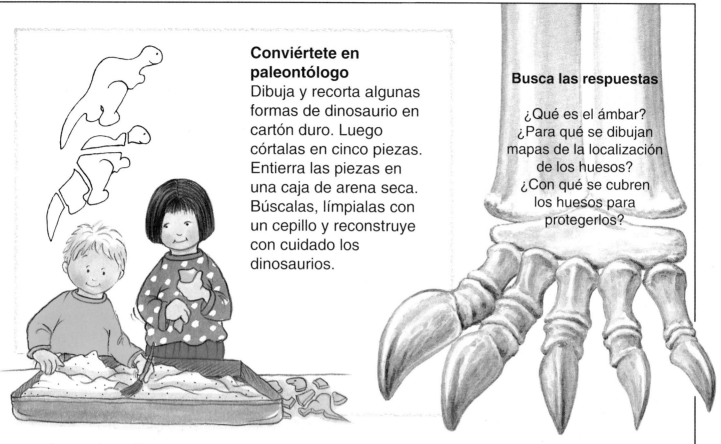

Conviértete en paleontólogo

Dibuja y recorta algunas formas de dinosaurio en cartón duro. Luego córtalas en cinco piezas. Entierra las piezas en una caja de arena seca. Búscalas, límpialas con un cepillo y reconstruye con cuidado los dinosaurios.

Busca las respuestas

¿Qué es el ámbar?
¿Para qué se dibujan mapas de la localización de los huesos?
¿Con qué se cubren los huesos para protegerlos?

▽ Los paleontólogos buscan dinosaurios en rocas de una era determinada.

con palas mecánicas se busca en las rocas

los fósiles se limpian con pequeños cepillos

se elaboran mapas para mostrar dónde se encuentran los fósiles

los fósiles se protegen con yeso

los fósiles se numeran y se transportan para su estudio

La reconstrucción de un dinosaurio

Los huesos de dinosaurio se llevan a un laboratorio para su estudio. Ahí los científicos trabajan cuidadosamente para limpiarlos y protegerlos, tarea que puede durar varios años. Si se encuentran suficientes huesos, puede reconstruirse un dinosaurio completo. Esto es como armar un complicado rompecabezas.

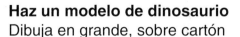

Haz un modelo de dinosaurio
Dibuja en grande, sobre cartón duro, el contorno de dinosaurio que se muestra. Recórtalo y coloréalo. Haz los cortes que se muestran y úsalos para fijar las patas al cuerpo.

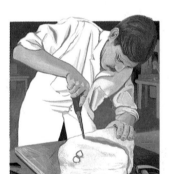

△ Los científicos rompen la cubierta de yeso con una sierra.

△ Los huesos se limpian bajo un microscopio.

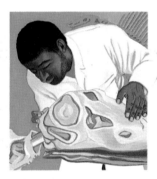

△ Los huesos se colocan sobre un armazón para ensamblar el esqueleto completo.

△ Se elabora un modelo para mostrar la apariencia que tenía el dinosaurio.

▷ Finalmente, el dinosaurio está listo para que la gente pueda admirarlo.

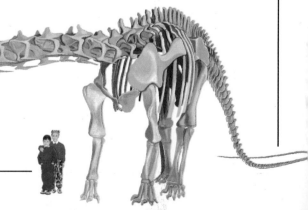

Índice

Este índice te proporciona el número de la página en la que puedes leer acerca de algún tema en particular. Está dividido en secciones, en orden alfabético. Las letras grandes indican con qué letra comienzan las palabras de cada sección. Los temas principales y las páginas donde se habla especialmente de ellos están impresos con letras **resaltadas**. Debajo de algunos temas principales puede haber una lista que te indica en qué páginas encontrarás algo más de información acerca de ellos.